沖縄・奄美《島旅》紀行

斎藤潤

光文社新書

まえがき

沖縄と奄美は、日本ではない。少なくとも、文化的には。

ぼくは、そう確信している。

そして、感謝もしている。

南島が、日本国の一部であることを。日本文化と異なるもう一つの文化が、同じ国内に根づいているとは、なんと素晴らしいことだろう。

政治的に作り上げられた国という枠の中に、異文化が並存する状況は世界的に見ればありふれたことだが、日本では単一民族幻想の下、内なる異文化を無視してきたのではないか。

初めて沖縄を旅した時は、戸惑いの連続だった。日本のはずなのに、日本ではない。

ラジオから流れてくる方言のＣＭは、英語以上に理解しがたかった。しかし、南島に幾たびも通っているうちに、容易に解消できる戸惑いがとても楽しくなってきた。

年配の人は自分の奥さんをトジと呼ぶが、それは刀自（とじ）（日本の古語で家事をつかさどる女性）のことだった。竹富島のヒタティという調味料は、下地（醤油）の音が変化したもの。

最近全国的に人気が高まっているエイサーも、元々は念仏踊りに源を発し、盆踊りと親戚関係にある。それも、沖縄本島の一部で行なわれていた行事が、この三〇年で、本島全体へ、離島へ、日本へと広がっていったのだ。日本国中に、受け入れる素地があったのだろう。

台風に備えた南島、夏の暑さを意識した日本と、住まい一つとっても違う。

聖地である日本の神社と琉球の御嶽（うたき）の違いと共通点も面白かった。

国境というものについて改めて考えさせてくれたのも、南の島々。

地図を広げてみると、沖縄と奄美の島々はすべて国境の島ということもできる。そして、南島で活躍する海人（うみんちゅ）たちは、ほとんど国境の意識がなかった。今はともかく、最近までは。熟練の老海人たちにとっては、台湾でも日本でも、香港、ボルネオ、シンガポール、南洋でも、すべて等しく海という道で繋（つな）がっている場所に過ぎない。

なんくるないさ〜（なんとかなるさ）という言葉に象徴されるラテン的感性に違いを感じ、南米各地を訪れた時に沖縄県人がすっかり地元と同化していたのが妙に納得できた。でも、もしかしたら明治維新前の日本人もラテン的だったのではないか。ええじゃないかの狂乱、遊び心にあふれ成熟した商人文化。少なくとも武士道や禁欲的な精神構造とは無縁だ。

異なってはいるけれど、心を開きさえすれば日本人にとって感性的に理解しやすい琉球文化はとても心地よく、自分（あるいは日本）の姿を映してくれる鏡となる。

文化ばかりではない、自然も大きく異なっている。

サンゴ礁の海は、強烈だった。強い陽射しと深い闇のような影。樹も花も岩も空も風も、景観を構成しているものたちは、みんな輪郭がはっきりしているように感じられた。四季折々微妙な移ろいを見せ、水墨画のような湿っぽい日本とは大きく異なる。一方、モンスーンのもたらす共通項も持っていた。

南島の海に漂う光を知り、サンゴ礁の海中の豊かな景観を垣間（かいま）見てしまったために、ぼくは少し不幸になったかもしれない。頭の片隅で無意識のうちに、生き物のように変幻してやまない南風瑠璃色（はえるりいろ）の海と比べてしまうので、日本のどんなに美しく澄んだ海を見ても、以前のように心が打ち震えることがなくなってしまった。

でも、国内にこんな素晴らしい海があるのは、なんてすてきなことだろう。

本書では、ガイドブックではあまり触れられることのない島の変化に富んだ素顔を通して、自分なりに感じた沖縄・奄美の島々の魅力を伝えるよう心がけたつもりだ。内なる異郷――南島の秘める多様な味わいを、少しでも汲み取っていただければありがたい。

※本書の地図は、『シマダス』（日本離島センター刊）に掲載されている地図をもとに作製しました。

目次

第一章

八重山、その果てへ――

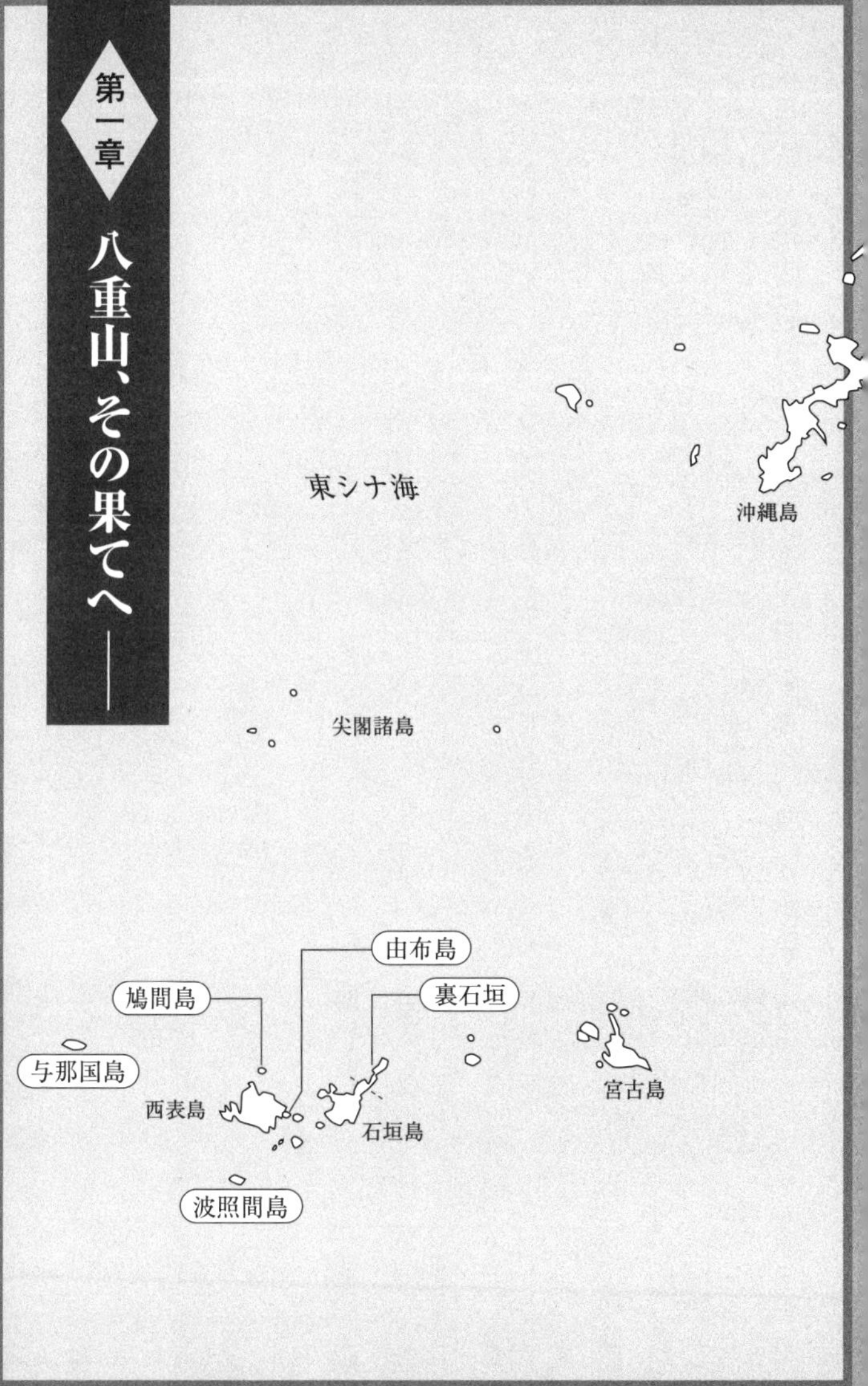

与那国島（よなぐにじま）——辺境中の辺境の、世界に一番近い島

国境の島

与那国島は、本当に遠い。

異称が「どなん」というほどのはるかなる島で、漢字を当てると渡難。

そして、なによりも国境の島である。

同じ国境の島でも、比較的本土に近い対馬や北海道の礼文島（れぶんとう）とは隔絶感が違う。

九州の首都というべき福岡から対馬まで、速い船なら二時間足らず。稚内（わっかない）から礼文島までも同じようなものだ。片や石垣島から与那国までは、四時間半。県都の那覇から船でということになれば、石垣でうまく乗り継ぎができても一泊二日かかる。福岡～釜山（プサン）や稚内～コ

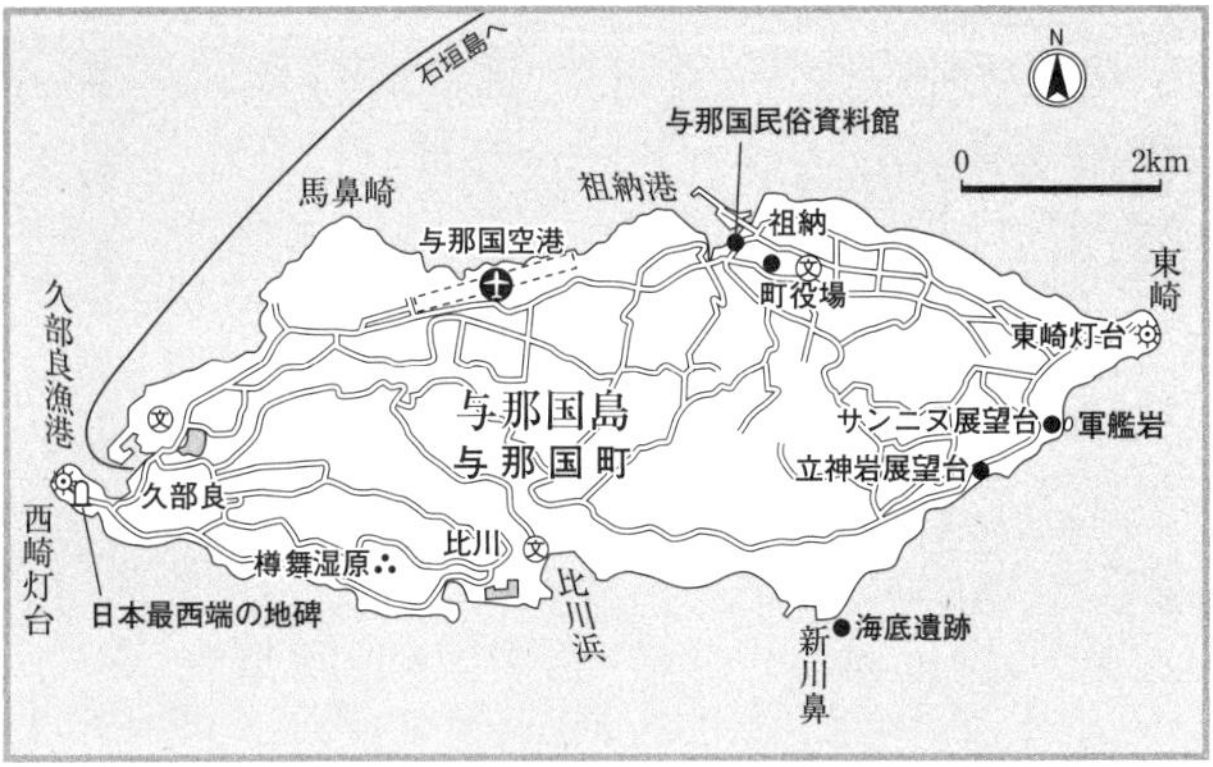

ルサコフ（樺太）よりもはるかに隔たりが大きい。

与那国の置かれた立場を実感するには、やはり船で行くに限る。はじめて与那国へ行く友人たちには、往路だけでもいいからぜひ船でと勧めている。しかし、船は週に二便しかないので、時間に余裕がないと利用できない。今や、船は贅沢（ぜいたく）な渡島手段となった。

この春、久々にそんな贅沢をできる機会がやってきた。曜日のめぐりあわせがよく、一泊二日なら船で往復できる。とんぼ返りはもったいなくもあったが、思い立ったが吉日だとばかりにフェリー「よなくに」へ乗り込んだ。

早めに船に乗ったまではよかったが、昨夜（ゆうべ）の泡盛が頭の中で渦巻きそのまま眠りこんでしまった。一時間以上たったただろうか。ドン、つっけんどんに突きあげるようなゆれで目が覚め甲板に出ると、右手前方に鳩（はと）

間島（まじま）が、左舷には山々が連なる西表島（いりおもてじま）が見えていた。波が高く、大気全体がもやっている。なぜか鳩の群れが船と並行するように飛び、カツオドリが波の上すれすれを滑空する。しばらく島と島影を眺めていたが、あとは茫々の荒海ばかり。

　船室に戻ってうつらうつらとしていたら、西表の沖を過ぎたあたりから一段とゆれが大きくなりはじめて、ドン、ドン、ドンの連続。

　それほど荒れ模様でもないのに、なぜゆれるのか。海中の大河黒潮は台湾島と西表島の間から東シナ海に流れ込み、トカラ列島が連なる七島灘を通って太平洋にぬける。だから、与那国島は黒潮という途方もない急流に浮かぶ、ちっぽけな岩礁。その流れを横切ろうとしている渡し舟でドン、ドンとゆられているのが、哀れなぼくらだ。これに台風のうねりでも重なろうものならば、甲板で水平線を見上げるような破目に陥る。

　ちなみに、南西諸島周辺の海が世界でも屈指の透明度を誇り、稀に見る多様性に富んだサンゴ礁が発達しているのも、中国大陸の大河が吐きだす膨大な量の濁った水を、黒潮がしっかりとブロックしてくれているおかげだという。

　ゆれは止（や）むことなく続いたが、それでも定刻の一四時半無事久部良（くぶら）に入港。明日一〇時に船は石垣へ向けて出港するので、滞在時間はあまりない。

結局、与那国はいつの世にあっても与那国

自転車を借りて、すぐに祖内へ向かった。一〇キロ足らずの道のりだが、起伏もあるうえに向かい風でけっこう消耗する。途中サンゴ礁の砂浜で一休みし、どうにか与那国民俗資料館にたどりついた。与那国島を訪れた歴史や民俗に興味がある人は、必ず立ち寄る場所。

ティンダハナから祖内をのぞむ

資料館には、顧みられることなく捨てられてしまう貴重な民具を惜しんで、池間苗さんが個人的に蒐集したものが所狭しと展示されていた。

今でこそ観光客もよく立ちよる場所だが、苗さんが蒐集をはじめた頃は地元で変人扱いされたらしい。

中を覗くと元気そうな苗さんの笑顔が見えて、ホッとした。椅子にすわって観光客らしき若い女性と、いつものように快活に話をしている。せいぜい七〇歳くらいにしか見えないが、

日本在来種のヨナグニ馬

確か八五歳になるはず。あなたもどうぞといわれ、ぼくも腰掛けた。

「今では与那国まで飛行機で一飛びだけれど、昔は石垣まで一〇時間かかったんですよ。石垣へ行く時はひどく酔ったのに、一三時間かかる基隆（キールン）まで行った時は酔わなかったの。台湾には夢があって、わくわくしていたからでしょうね。だって台北は、那覇などとは違って大都会でしたから。私の頃は、男も女も学校を終えるとみんな台湾へ行ってたものです。職人に弟子入りしたり女中奉公したり」

与那国から見れば、上海や香港、マニラはもちろん、北京やベトナムのハノイでも、東京よりは近い。台北は憧れの場所で、東京はほとんど無縁の遠い外国だっただろう。

「昔は、嫌な島でしたよ。那覇へ行った時、恥ずかしくて与那国島出身だって言えなかったもの。こんな小さな島に生まれたことがとても悲しくてね～。でも、今は楽しいですよ。一番いい島。いろんな人が、向こうから与那国を訪ねてきてくれるしね」

　二五年前にＮＨＫの『新日本紀行』で与那国島が紹介されたそうだが、最近その後を追いかける新しい番組のスタッフがきて、当時の登場人物のうち苗さんを含めた今も健在な四人を取材していったという。司馬遼太郎が苗さんを訪ねてきた時の話も出た。自慢げに語るのではなく、与那国まできてくれた多くの人に心から感謝しているのだ。

「苗さんは、本当にお元気ですね」というと、アレッという表情。実は、五年前にも苗さんにいろいろな島の話を聞かせてもらったことがあったのだ。気づかずに済みませんね〜、といいながら懐かしそうな笑顔を浮かべてくれた。

東崎の灯台

「昔は一万をこす人がいたのに、一七〇〇人まで減ってしまったんですよ。出ていく人が多かった与那国だけれど、わざわざよそから移り住んできてくれる方もいて一八〇〇まで回復して横ばいだったのが、また減りはじめているので心配なの」

　大会社や議会の運営に携わる人間でさえ、「公益」という考え方を捻じ曲げて私利私欲に走りがちな世の中で、苗さんの視線は足元だけではなく常に島＝国全体に行き渡っていた。

　この島に一万以上とはすごいと思ったら、戦後の一時期は二万を数えたのではないかという人もいるらしい。敗戦後、大陸や植民地からの引揚者で日本中の人口が膨れ上がった。与那国も引揚者はいたが、人口が爆発的にふえたのは密貿易の中継基地として島が重要な役割を果たしたため。

　鹿児島から南の島々では、敗戦後多かれ少なかれ密貿易船が横行して活劇が繰り広げられたという話を、今も耳にする。その中でも燦然と輝いていたのが、昔から台湾との交流が密だった与那国島。

　ほんの三年間ばかりのことだったらしいが、密貿易をする商人や荷物を運ぶ伝馬船、伝馬船から倉庫まで物資を運ぶ担ぎ屋などで殷賑（いんしん）をきわめ、石垣島など田舎に見えたほど。担ぎ屋の一晩の稼ぎは、教員の月給を軽く凌（しの）いだという。

　島経済の活性化を図るため、復帰後の一九九〇年試験的に与那国島と台湾の花蓮（ファーレン）の間をフェリーが走ったこともあった。二〇〇二年には、台湾の蘇澳（スーアオ）と石垣島の間を高速船で結び、途中与那国島に寄港するという案が浮上したこともある。与那国は、なんとか国境を突き崩そうと努力しているのだ。

また、与那国の上空は不思議な空域でもある。島の西側半分近くは日本の領空であるにもかかわらず、日本の防空識別圏ではなく台湾の識別圏に入っているため、自国の領空を通過するために台湾の許可が必要なケースも出てきてしまう。

海底ガス田の開発、尖閣（せんかく）諸島（以前日本人が鰹節製造工場を経営していた実績がある）、台湾有事と並べてみると、キナ臭い海域を目の前にした国境の島に自衛隊の基地がないのも不思議な気がする。島人たちに不安はないのだろうか。でも、もしかしたら、

——島人は、所属なんてどうでもいいのかもしれない。無血占領され略奪も起きなければ、日本であっても台湾や中国であってもあまり変わらないのではないか。結局、いつの世にあっても与那国は与那国なのだから。

自分たちのいる場所を勝手に国の中央だと勘違いしている為政者からみれば、国境の島は辺境中の辺境だが、視点を一八〇度変えれば外の世界に一番近く、最新の情報を得ることができる恵まれた位置であり、時代のセンサーとなりうる場所でもあるのだ。

由布島（ゆぶじま）——この島をハワイにするんだ！

変わり者のオジィと逃亡者

西表島東部にある美原集落の目の前に、楽園を名乗る島がある。遠浅の海にゆったりとねそべっているようにみえる由布島。『亜熱帯植物楽園』という表札をかかげている一島一家族のような一二ヘクタールの小島だ。

沖縄・奄美には他にも楽園を想わせる島はあるが、由布島の大きな特徴は西表正治さんという一人のオジィの努力によって作りあげられたこと。のんびりと海を渡る水牛車の写真を目にした人は多いだろう。あの目的地が、由布島。

もともとは、対岸南側の嘉佐崎（かさざき）をこえたところにある古見（こみ）集落の雨乞い祈願所である由布御嶽がある島だった。そこに、小さな集落がうまれたのは、昭和初期になってから。常住の村ではなく、竹富島や黒島の人たちの出作(でさく)の島だった。

両島は岩盤の島で、畑作はできても水田は作れない。そこで、水も土地も豊富な西表までわざわざ通って、水稲を作った。その拠点となったのが、由布島。当時竹富島の人たちは、陸稲を含め一〇種類以上の稲を栽培していたそうだ。早稲(わせ)から晩生(おくて)まで作って、自然災害に対する保険にしていたのだろう。

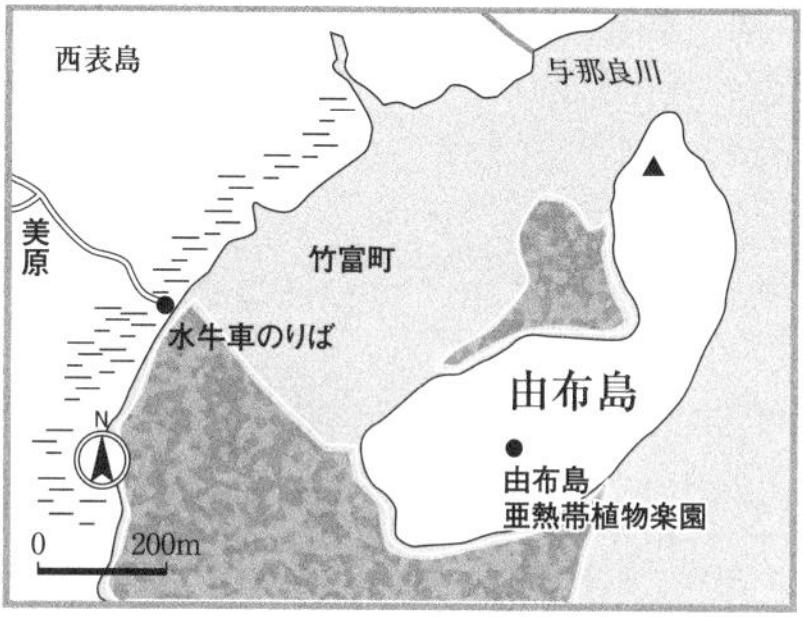

なぜ西表島に住まずに、海をこえなければならない島で生活することを選んだのか。当時、西表ではヤキーとよばれるマラリアが蔓延(まんえん)していて、そこで生活すること自体が命がけという、楽園とは対照的に地獄のような状況だった。ヤキーとは「焼きー」で、間歇(かんけつ)的に襲ってくる高熱をイメージした病名。ところが、海を隔てた由布島には病気を媒介するハマダラ蚊がいないため、安全に暮らせたのだ。
戦後入植者もあらわれ、昭和二三年には学校ができるくらい人口がふえた。一時は、三三世帯一八〇人近くを数えたこ

ともあったという。

ところが、食糧事情が好転し景気もよくなるにつれて島を出ていく人がふえ、人口一〇〇をきっていた昭和四四年一一月。稀にみる強力な台風エルシーが八重山を襲った。由布島は高潮でほとんど冠水し、島人たちは唯一コンクリートの建物だった学校に避難して恐怖の一夜をすごした。

マラリアの脅威はすでに克服されていたので、エルシーによる被災を機に大半の島人は対岸の慶田城原（けだぐすくばる）に移住して新しい村美原を建てた。

そんなわけで、ぼくがはじめて西表島を訪ねた頃、由布島はほとんど存在しないような影のうすい島、捨てられた島だった。地元でさえ、無人島だと思っている人もいた。

また、変わり者のオジィが一人だけ住んで、ヤシを植えているという人もいた。西表の東部と西部をつなぐ道がなかった時代で、美原までいく人もまずいなかったから、ましてや由布島など水平線の果てのような存在。

その存在が徐々に目を引くようになったのは、二〇年くらい前からか。夕陽を浴びながら海を渡る水牛車の写真（多分ポスター）が注目された頃だと思う。

会社の金を横領した人間が島に潜伏していたのだが、水牛車と一緒にテレビに映ったために逮捕されてしまった、という話を耳にしたのもそのころ。

逃亡者は身元を隠して、正治オジィの手伝いをしていたそうだ。他にも、ふらりと島を訪れてしばらく手伝った旅人や、楽園作りに協力した島人もいたという。島の人は、案外よそ者を拒まない。完全に島の一員として認められるかどうかはその後の本人しだいだが、まずは受け入れてくれる。時によって、島人は不思議なほど優しくなる。

ぼくも、なにか事情があるなら（残念ながらなにもなかったが）しばらくこの島にいたらいい、といろいろな島でいわれた。

自分ではそんなに怪しい風体とは思わないが、胡散臭かったらしい。

横領犯は、鳩間島で島人の好意のもとしばらく暮らし、由布島へ流れてきたという。島での心優しき人たちとのふれあいと穏やかな暮らしの中で心の歪みがほぐれてゆき、捕まるのを覚悟してのテレビ出演だった。刑期を務めあげたのち、挨拶にきたという話もきいた。

ラブコール

気にかかっていた由布島にやっと渡ることができたのは、一〇年ばかり前の一一月。太い線になってみえる平らな島は、美原のすぐ沖に遠慮深げに横たわっていた。

対岸の駐車場に乗り入れると、季節はずれだというのに意外にも大型バスが何台もとまり、水牛車は出払っている。干あがった浜や斜めになった幹の上をぴょんぴょん跳ねる鯊（トントンミー）を眺めているうちに、続々と水牛車がもどってきた。団体さんのお帰りらしい。どれに乗ればいいのか迷っていたら、一台が近くにいたカップルを拾った。ぼくも慌ててそれに乗りこむ。

疲れのにじむ水牛はねっとりした涎をたらしながら、休む間もなく今きた道をまたのっしらのっしらと引き返しはじめた。途中の景観に変化は少ないが、水牛車で海を渡っているだけで満足。水牛の歩調が、楽園の島への期待を盛りあげてくれる。

そう感じる人が多いのだろう。全島熱帯植物園と化した島へエキゾチックな水牛車で、という趣向がうけ、今や由布は八重山でも屈指の人気の観光地。正治オジィの目論んだとおりの姿に生まれかわったわけだ。まさに、継続こそ力。

「二十数年前の猛烈な台風エルシーで大被害をうけたあと、（大半の人が対岸に移住したため西表さんたちは勝手に残っているとして）電気も水もとめられ、ほとんど無人島になりかかったころ、現在ここの園長をしている正治オジィが中心になって、ヤシや熱帯植物を植えはじめたんですよ。由布島をハワイにするんだ！　かならず楽園をつくってやる！　と黙って一〇年間植えつづけたころから、ぽつぽつと人がくるようになって。昭和五六年に、やっとオープンしたさ」

正治オジィの娘で由布島の責任者である西表メリーさんが、エピソードを語ってくれた。

「今でこそこんなしているけど、最初は本当に大変だったんですよー。せっかく植えたヤシがやっと根づいたころに、また大きな台風に襲われて全滅したこともあってね」

ヤシの植栽を進めている時期に、本土資本に侵略されそうになったこともあったという。

由布は奇妙な島だった。

古見の人たちは昔から雨乞いの御嶽を祀（まつ）っていたので自分たちの島だと思っていたし、由布島の住人たちは漠然と竹富町の町有地らしいと考えていたが、実は全島で二筆しかなく大半が竹富島公民館の所有地（竹富集落の共有地）だったという。竹富島に新しい学校を建てたときに、公民館の所有地を学校用地として提供した見かえりに、住人の知らないうちに由布島は竹富集落のものになっていたのだ。

沖縄の本土復帰で島々にも土地買占めの触手がのびていた当時、竹富島公民館は三社から「我が社に、由布島を」というラブコールをうけていた。幸いオイルショックなどでうまい話は立ち消えになり、西表さんたちがあらためて正式に竹富島公民館から土地を借りることができたのだという。

「こんなに人がいて意外だったですかね～。冬がハイシーズンで、団体がどっとやってくるんですよ。多い日は一日で一五〇〇人。二～三月は一日平均一〇〇〇人はくるかね」

個人客のオフになるこの季節、航空会社も宿もグッと値を下げるので、格安パック旅行花盛りとなる。そういう団体がどっと押しよせるのだろう。

「団体さんの昼食は幕の内弁当をだすことが多いですね。でも、できるだけ地元の素材を使うようにしてますよ。例えば、ツノマタとか」

ツノマタは、地元特産のこりっとした存在感のある海藻。

そのほかにも、パパイヤ（野菜として使われる）の煮物や手長蛸（だこ）とニラのちゃんぷる～など。予め要望があれば、ジーマミ（落花生）豆腐、西表名産のノコギリガザミなども出せるというから、なかなか意欲的。

「お土産は地元の純黒糖が人気です。由布と西表にある果樹園では、シャカトウ、ゴレンシ、マンゴー、グワバ、パラミツ、アボガド。いろいろな果物を作っていたのに、この前の台風でみんなやられてしまったさ～」

メリーさんに話を聞いた後に島の中を散策したのだが、せっかく背が高くなったヤシの葉はぼろぼろ。でも、今後は無人化の危機にさらされることはあるまい。早く緑が戻ってくればいいなと願いながら歩きまわって最後にメラネシア館に入った。とってつけたようにあったので侮っていたが、ニューギニアの仮面や彫像の大好きなぼくでも満足できるくらい充実していたのには、改めて不思議な島だと脱帽してしまった。

もしオジィが元気だったら

先日、久しぶりに西表メリーさんと話をしたところ、正治オジィは平成一五年に九六歳で天寿を全うしたという。

「もう少しで、カジマヤー（数え九七歳のお祝い）だったのに。それが残念だったけれど、老衰ですから悔いはないと思います。いずれオジィの記念館を作りたいと考えているんですが……」

「ああ、それはいいですね〜。いつごろになりそうなんですか」

「気にはなっていても、いろいろ忙しくて。一〇〜四月のシーズンは、一日二〇〇〇人近くくることもあって。以前は人が少なかった夏休みも、けっこうグループのお客さんがふえてね、なかなか休む暇がないの。年間三〇万人くらい入ってますかね～」

メリーさんの兄弟も大半が由布島に戻り、オジィが作り上げた楽園で七名が一緒に働いている。島に住んでいる人は二〇名少々だが、対岸の熱帯果樹園で働いたり寮に入っている従業員もふくめると一〇〇名近い。西表屈指の大企業に成長したわけだ。

オジィの夢は由布島をハワイにして楽園を作ることだったが、大切に育てた夢はオジィの手をはなれさらに飛躍して、小さな点のような故郷へ子どもたちを呼び戻し、対外的に大きな雇用の場まで提供するにいたった。

国が、県が、町が、なにもしてくれないから動けないと駄々をこねずに、まず自分で動く。これこそ本物の島おこしだ。

正治オジィが元気だったら、顔をほころばせて言うだろう。

「愚痴をこぼしている暇があったら、ヤシの一本でも植えたらいいさ～」

鳩間島（はとまじま）——星砂の多い楽園

八重山で一番不便な島

ぼくの中で、楽園のイメージとしっくり重なりあう島が三つある。

トカラ列島の小宝（こだから）島と久米島の属島オーハ島。

そして、西表島の北岸にうかぶ鳩間島。すべて面積一平方キロ以下の小島。

八重山の島々の中でも、鳩間はとくに好きな島だった。だから、就職して数年間遠ざかっていた八重山を久々に訪ねたとき、ためらいなくまず鳩間島を目指した。にもかかわらず、その後それきりになっていた。ぼくに昔のような時間的余裕がなくなり、反比例するように鳩間島は八重山で一番不便な島になっていたためだ。

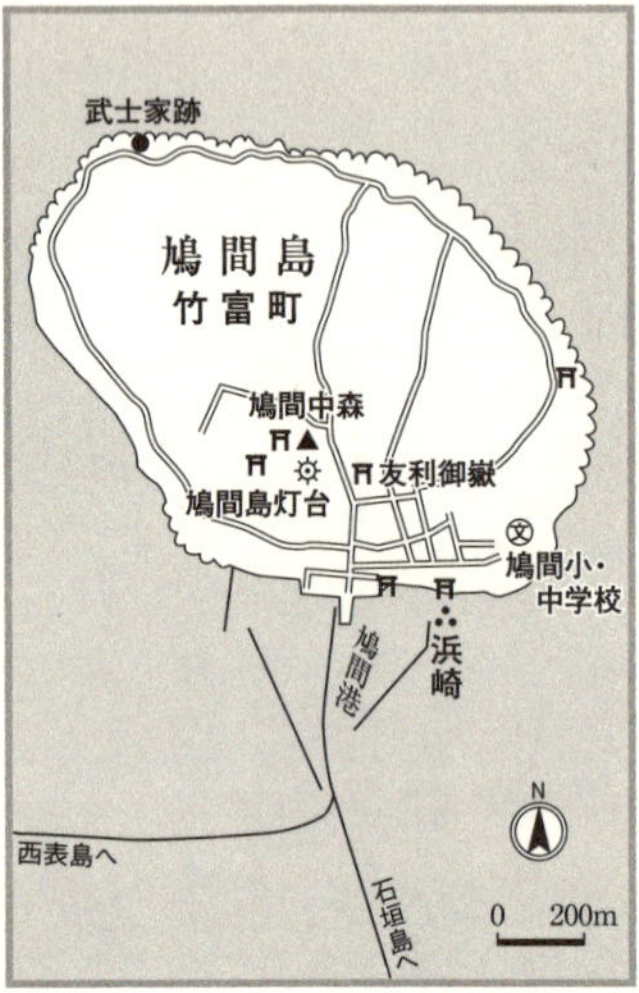

なにしろ八重山の中心地石垣から、週に六便（日曜をのぞく日に一便）しか船がない。その六便も、大半が石垣～鳩間～西表（上原（うえはら））～石垣と巡航するから、すぐ目と鼻の先の西表から鳩間島へ渡る船は週に一便。これじゃ、小笠原や南北大東島（だいとうじま）と変わらない。

すっかりごぶさたの鳩間島を、この三月急遽（きゅうきょ）訪ねた。八重山を歩きまわろうと考えていた矢先、鳩間島に家をもっている友人の羽根田治さんが、同時期に島へ行くつもりだと聞いたからだ。一人でいくのも味わい深いが、知りあいがいる楽しさはまた別。

渡島前日、羽根田さんから連絡があった。西表西部行きの高速船は、鳩間島で降りる人が五名以上いると臨時寄港してくれるというのだ。翌朝確認したところ、寄る便があった。貨客船でのんびりという気持ちもあったけれど、早く着く方をえらんだ。それが正解だった。石垣島一三時出航予定だった貨客船は、強い季節風のため欠航になってしまったのだ。

船にのると、いつしか眠っていたらしい。気づいたのは鳩間島の港内。愕然とした。潮でくすんだ船窓から見えるのは、ぐるりのコンクリート。防波堤や桟橋、護岸などによって、完全に包囲されている。予想はしていたが、現実は厳しかった。

一人で二〇年ぶりの島の感触を味わいたかったので、迎えは頼まずに宿を探した。大半の道がアスファルトに侵され、昔の面影がないのが哀しい。新しい宿はすぐにみつかり、電話をすると間もなくすっかり島人になった羽根田さんがあらわれた。東京の飲み屋以外で会ったことがないので、明るい南国の空の下で会うのは奇妙な気分だが、嬉しさはひとしお。

「おれの友達がお世話になりますが、よろしくお願いします」

宿の主人に、ちょっと仁義を切っているような感じ。

「おお、ハネちゃんよくきてくれたな。まあ、一杯やってくれよ」

そういって、スキンヘッドの主人が目に笑みをたたえながらビールの缶をあけた。冷たいビールをグイッ。気温が上がってきたので、うまさが全身に染みわたる。

(羽)「鳩間島には、何回かきたことがあるんですよね」

(主)「へーっ、いつ頃きたことがあるの」

(僕)「最後にきたのが、ちょうど二〇年前ですけど」

（主）「すっかり変わっちゃっただろう。悪いな工事中でうるさいだろー。欠航が一〇日ばかりつづいて、工期がずれこんじゃったんだよ」

（羽）「テレビのロケ隊は泊まらないんですか」

（主）「いろいろあってさ、断っちゃった。で、観光客を泊めることにしたんだ」

一時は、島の全宿泊施設（といっても五軒）をロケ隊が使うことになっていたらしい。いろいろな事情を聞くうちに、半ば島人になった気分。友人がいなければ、着いたとたんにこんな話にはならない。鳩間港に入った時は少し後悔したが、一〇分も話をしていたらコンクリートなんぞ、ささいなことに思えてきた。もう少し噂話をしたあと、いつもなら紅灯（こうとう）の巷（ちまた）で別れる羽根田さんは、一献を約束して薄陽射す下を我が家へ戻っていった。

新発見

青空がのぞく午後、島中を歩きまわった。宿の裏には友利（ともり）御嶽があり、大地に直接刻まれやわらかな曲線をえがく階段は、淡々（あわあわ）と早緑（さみどり）に耀（かがよ）う細かな苔（こけ）に包まれほのかに発光しているよう。今も変わらぬ島人の尊崇の念が、ひしひしと感じられる。

インヌカー（西の井戸）、アンヌカー（東の井戸）、ウイヌカー（上の井戸）など、水道がなかった時代に島の日常を支えた井戸も、まだ残っていた。洞窟状になった降り井戸であるウイヌカーは、昔のままで降りていくのが恐いほどの急斜面。でも、なによりもありがたかったのは、少しも荒れていないこと。水道のない時代、命の次といっていいくらい大切にしていた井戸なのに、大きな島ではゴミ捨て場と化しているところまである。

隅々まで歩きまわると、絶滅したはずの芝生道も脇に入ればかなり残っていた。懐かしいフクギの屋敷林や赤瓦の家も、ぽつんぽつんと姿をみせる。細かな断片となって崩れおちた楽園の記憶が、一つまた一つと組み合わさり復元されてゆくようで心地がいい。

木の葉をつまみ喰いするヤギ

西表島との間に広がるサンゴ礁の海をみはるかすと、数えきれないほどの水色がかすかに波うっている。コンクリートで囲いこまれた港の中にも、白砂の浜とモンパノキなどの海岸植物群落からなる懐かしい小景が残っていて、また一つ楽園の断片が合わさった。

最初はガッカリの鳩間だったが、さまよい、風に吹かれているうちに、こわばっていたぼくの心はふるふるとほぐれていった。

まあ、いいさ。自分の住む土地だって、この二〇年でどれほど変化したことか。楽園の思い出がどんどん密度をまして、目の前の風景と重なり溶けあい、ここにいることに感謝したい気分になってくる。これが鳩間という場の力だろう。

二〇年前には存在しなかった島内一周道路を、時計と逆にまわった。以前は、集落のある南岸と北岸をむすぶ小道が一本あっただけで気づかなかったが、東岸の船原(ふなばる)の浜までしっかりとした海岸林がつづいていた。開発が遅れたために、生きのびたのだろうか。見せ方次第でエコツアーがなりたつほどの充実した森で、うれしい新発見だった。

御嶽をみるたびに、麗しい土地の地霊に対する感謝の気持ちをこめ合掌する。頭を上げたら、ビロウの花を齧(かじ)っているかわいらしいヤエヤマオオコウモリと目が合った。外若(ふかばか)の浜、島仲の浜、立原の浜。護岸とも消波ブロックとも縁のない自然の浜が、次々と登場する。集落周辺以外の海には、ほとんど手がつけられていないようで、これにも感謝。

鳩間島は、星砂がとても多い。島仲の浜にたたずみ、かつてこの海で一時間以上も星砂と遊んだことに思いをはせた。星砂は一粒一粒がアメーバーのような単細胞動物で、殻の表面

西表島との間に広がるサンゴ礁。貝を拾うオバァ（右）と、記念撮影する人たち（左上）

にある細かな穴から偽足をだして海藻の上をのんびりと歩いている。遊んだといっても、時の流れが止まってしまいそうなほどゆったりした星砂の散歩を、マスクとシュノーケルをつけて眺めていただけだが、忘れがたい優雅なひと時だった。星砂は今も豊富に棲息しているので学校行事として採集して販売し、学校の運営費用の補填としているそうだ。

浜辺は岩場の間に点々とあらわれたが、西海岸までくると様相が一変して砂浜がつづくようになった。潮が引いているので、よけい広々とした感じがする。ここでも人工物はみあたらない。足跡のない砂浜は、港の手前までとぎれなかった。のんびり巡ったので一時間半くらいかかったが、ちょうどよい散策コース。こんな小道があれば、毎日でも歩くのに。

ホント鳩間を誇らしく思う

夜の九時過ぎに、泡盛の一升瓶をぶらさげて羽根田邸を訪ねた。酔っぱらいが数人集まっていて、邸というより亭の雰囲気。夕食時に飲みはじめていたぼくも、紹介されるとすぐに溶けこんだ。話題はもっぱら、さっき終わったテレビドラマ『瑠璃の海』ロケ隊と島人の交流会について。誰それがミーハーで、女優と並んで嬉しそうに写真を撮っていた、といった内容。

集まっているのは島の若手が多い。竹富町の職員で自然保護関係の仕事をしている通事太一郎さんと、島の東側に残る海岸林の話で盛り上がった。

「斎藤さんも、やはりいいと思いますか」

「人の生活と海岸林の関わりといったテーマで、エコツアーを組み立てることができるんじゃないかと思うな~。昔、人が住んでいた気配も濃厚だし」

次回はエコツアーを念頭において、通事さんに案内してもらえることになったような気がする。泡盛とワイン！　は着実に減っていく。鳩間島にある日本最南端のターフクラブ（馬と競馬の愛好会）、今年の海の状況、よくわからない自慢話、ゴールデンウィークに開催される音楽祭、七月の豊年祭、テレビドラマ、と話題は自在に流れていった。

一二時頃になると、床に頬ずりしたままの人もあらわれた。ふつうなら、最初にこっくりこっくりとはじめるぼくだが、今日はなんだか調子がいい。やはり、久々の鳩間島だからだろうか。南の小島では、毎晩飲んだくれてばかりいるような気がする。いいな〜、これが。やっと鳩間島にもどってこれたような、充実感があった。

みんないつになく盛り上がっていたようで、二時頃に解散してぼくはへろへろ宿に戻ったが、朝まで酔いつぶれていた人もいたらしい。

とても楽しかった想いは刻み込まれていたが、なにがそんなに楽しかったのかあまり思い出せないのが哀しい。しかし、東京でも鳴らした元ミュージシャンで今は島民となった飯島さんの一言は、幸いにも忘れていなかった。

「俺はさ、よそ者かもしれないけど、船に乗って島が近づいてくると、ホント鳩間を誇らしく思うよ。海の美しさに気づいた観光客がいつ騒ぎだすか、いつもワクワクしてるんだ」

波照間島（はてるまじま）――南果つる島の幻の泡盛

とうとう全面取材拒否に

波照間は、日本の南果つる憧れの島。

我が国で、ここより南に住む人々はいない。

緯度が低くなるにつれ南が濃さをまし、楽園へといざなってくれる。青海原の上を一路南へ。そう考えるだけで、心が騒ぐではないか。

波照間は最南端というだけではない。サンゴ岩で組まれた石垣、黒々としたフクギの屋敷林、そして赤瓦の家が織りなす古いたたずまいが残る村には、近々町並み保存の調査が入るそうだ。冬から初夏にかけては、水平線上に南十字星が姿をあらわす。そんなすてきな島だ

から、他の島には目もくれず、ひたすら波照間にかよう人たちも少なくない。

しかし、今回ぼくが最南端の島を目指した最大の理由は、幻の泡盛『泡波』だった。もちろん草の根をかきわけてでも『泡波』を探しだし手に入れよう、などという魂胆（こんたん）はない。

去年とうとうここまできてしまったかと思ったことがあって、真意を確かめたかったのだ。

「あっきじゃ（びっくり！）、『泡波』がついに全面取材拒否になってしまったさっ」

沖縄に住んでいる友人のカメラマン嘉納辰彦さんが、心底哀しそうな顔をして嘆いた。彼は今まで幾度も波照間酒造所（『泡波』の醸造元）の取材をしていて、波照間さん一家とも面識があるのだが、それでも取材は勘弁してほしいといわれたとか。

人とのつながりを大切にする島人がそこまで言うとは、尋常でない。

さっぱりしていながらコクがある『泡波』は、ぼくも好きだった。中央に泡盛の甕をドンと配したラベルも好み。しかし、最近の狂想曲には部外者ながらうんざりしてしまう。『泡波』が手に入りにくくなっていると気づいたのは、十数年前だろうか。他にもうまい泡盛はあるのだから、それを楽しめばいいと思い、むりに追いかけたことはなかった。

それでも二、三年前、那覇の国際通りの裏側にある店でたまたま見かけた三合瓶（六〇〇ミリリットル）の値札に七〇〇〇円とあり絶句していたら、店主にささやかれた。

「安いでしょう。うちは良心的なんですよ。表通りなら万はしますよ」

波照間島の売店で運よく出会うことができれば、六〇〇円ほどのものなのに。

改めて表通りで確認する気にはなれなかったけれど、ネットオークションでも似たような値段で取引されているから、それが「世間相場」なのだろう。

泡盛は売っておらんよっ

数年ごぶさたしていたので、純粋に波照間島を訪ねたくもあった。しかし、直接的な泡盛の取材ではないにしても、断られる可能性は大きい。そうしたら、めげてしまい波照間行きもやめたくなるかもしれない。迷った末、波照間酒造所には連絡せずに船にのった。

宿で寛いでからも、足は重かった。雑誌の依頼をうけているわけではないが、取材には変わりない。嫌がられるかもしれないなー。外はますます暮色が濃くなってきた。夕闇に乗じ、散歩かたがた訪ねてみよう。

昔の面影を宿した町並みが、しっとりと心に寄りそい気持ちいい。村の中心部をあてずっぽうに歩いたら、それらしい建物がみつかった。蛍光灯がともり、中には人がいる気配。でも入口がわからない。野良犬のようにうろつくと、それらしき扉があった。

「こんにちはっ」と声をかけながらノックしたが、反応はない。どこか別に通用口のようなものがあるのかもしれないと、酒造所の周囲をもうひとめぐり。なんだか空き巣になった気分。裏の小さな家庭菜園で草むしりをしていたオバァに酒造所の場所を確認したところ、笑顔ながらも語気強く教えてくれた。

「そこだけど、泡盛は売っておらんよっ」

ぼくのような不審者が、しょっちゅう出没しているらしい。ここにいたって、今さらのように電話をかけてみた。二〇回鳴らしても、誰もでてくれない。静かな村落を一〇分ほどぶらつき、明かりの洩れる酒造所の前でもう一回。いくら鳴らせども反応はない。最後に通用口らしき扉へ立ち戻り、三回、四回呼びかけ、ついにはノブに手をかけたが、ピクリとも動かない。

波照間酒造所の意志は、堅固だった。でも、おかげでスッキリ。

とたんに、『泡波』はどうでもよくなった。それよりも久々に吸う、波照間島の空気をしっかりと味わおう。最南端の夕風が、脳の襞（ひだ）にたまった垢（あか）を洗い流すように吹きぬける。その夜はたまたま同宿になった人たちと、ぼくが持っていた与那国の銘酒『舞富名（まいふな）』を飲みながら語り明かした。

身の丈にあった石高を守る

翌朝は、すっきりと青空が広がり、空も一段と高くなった感じ。お気に入りのコースを散策しようと思い、せいせいした気分で波照間酒造所の前を通りかかると、人がいるではないか。日曜大工で、建物の補修をしているようす。一言だけでも話を聞きたい。

「『泡波』を買いにきたわけではないんですけど、酒造所の方ですか」

言いわけをしながら駄目モトで話しかけると、あっさりと応じてくれた。

「とても迷惑しているんですよ。島で必要な分も足りないくらいなのに」

島の行事に昔からの島酒である『泡波』は欠かせないので、島人から注文があると優先的に割り当てているのだが、それすらままならない時もあるらしい。

「こんな状況になって、もう二〇年くらいになるかな。うちは家族三人で作っていて人手が限られているから、ふやせといわれても無理なんですよ。最近は、電話にもでたくない」

売れるんだからどんどん増産するという選択肢もあるが、身の丈にあった石高（こくだか）を守るという考えがあってもいい。交通の不便な僻遠（へきえん）の小島では、後者の方がはるかに真っ当だ。

注文の電話は仕方がないにしても、「高い！」という苦情が多いという。

「自分のところは、ふつうの値段で出荷しているのに……」

そんな本末転倒な苦情をいう人たちに限って、味ではなく値段と希少性に踊らされているのではないか。

「迷惑」を口にした時だけ顔を曇らせたが、あとはいかにも素直でゆとりある味の泡盛を醸す人らしい穏やかな表情を崩さなかった。

波照間さんには作業の手を止めさせて申し訳なかったが、ほんの一、二分だけでも立ち話

旅人に人気の高いニシ浜

がでてよかった。

　晴れればれとした気分で、自由に野宿できた時代は住みつく旅人が多数いたほど美しいニシ浜へむかう。先客は若い女性一人だけ。

　煌めきながら無限に変化する水と光の織りなす色は、とても言葉では尽くせない。あえていえば波照間のサンゴ礁色。茫然自失の快楽にしばらく身をゆだねてから、象牙色に光る砂浜を西へ向かう。

　酔ったようによろよろとぼとぼと歩くのが楽しい。

ハマシタンの祟り

　ぽってりとした青磁色の葉をつけたモンパノキの木陰で休みながら、西へ西へとよろぼいつづけ浜崎をまわるとペイ浜になった。ここにいたるとほとんど人工物は目に入らない。ついに砂浜が終わり、あらわれた平らな隆起サンゴ礁の岩棚は、細かな葉をつけた樹に占領されていた。ぼくが大好きな天然記念物のハマシタン群落。遠目にはなんてことのないぼやけた藪のようだが、近づくにつれとんでもない巨樹群だと気づく。

樹自体は、太くてもせいぜい直径三〇センチ、樹高も数メートルだろう。そんな巨木が三〇本ばかり群れているにすぎない。数値だけみれば、近所の児童公園にもあるていどの樹。

樹齢数百年というハマシタンの群落

しかし、存在感はまったく違う。少なくとも樹齢数百年という話が、樹を前にすると当然のように納得できてしまう迫力なのだ。時によってしか磨かれない風格。

土のまったくない岩の上で大蛇のような根を絡め大地を縛りあげ、その上に老松を想わせる老成した幹を大きくうねらせながら、ずっしりと聳（そび）えている。ミズガンピが本名。緻密な木質で、銘木の誉れが高く、三線（サンシン）の材料としても人気があるという。数年前、ここで海を眺めていた時やってきた島人に、不思議な話をきいたことを思いだした。

「以前、この樹を伐（き）って売り飛ばそうとした悪い奴がいたさ。

夜中に船できて、まんまと盗みだし沖縄本島まで運んだけれど、それが奇病に罹ってしまってよ。大病院をいくつもまわったけど、どこへいっても原因がわからんさ。そこで、ユタ（＝沖縄の霊能者）にみてもらったら、ハマシタンの祟りだったわけ。それで、返しにきてよ。根元にころがっているのが、そう。その後、すっかり治ったというさ〜」

無造作にころがる丸太にふれてみた。直径十数センチ、長さ数十センチほどだが、びくともしない。あらためて力をこめると、やっとわずかに動いた。樹とは思えない異様な重さ。

一枚一枚の葉は長さ一センチほど、白く清楚な花も直径一センチばかり。こぢんまりして、舗道の植え込みにむいていそうな風情だが、真の実力は記したとおり。ふだんでも海水が根元を洗う岩の上だから、台風の時など泡だつ波の中になかば没することもあるだろう。

なんという忍耐強さ。抜けるようなまばゆい水色の海を背に、むっつりとたたずんでいるハマシタンの重厚な樹皮をほれぼれ眺め手の平を当てているうちに、なぜか身の丈にあった量の『泡波』をコツコツと造り続けている波照間さんの穏やかな表情が浮かんだ。

石垣島（いしがきじま）——裏石垣には、まだ風葬のあとが残っているんですよ

はるかなる憧れの地

自分にとってなじみ深い風景なのに、なかなかそこに身をおく機会がない場所がある。かなたに浮かぶ島や、いつも上空を通過してしまう土地。そこが美しければ、よけい気にかかる。石垣島の北東に突きだした半島部分、通称裏石垣もはるかなる憧れの地だった。

石垣島に近づいた飛行機は、まるで演出を心得ているかのように裏石垣をかすめて飛び、これが本当の海なんだよ、八重山の海と森の実力なのさと、これみよがしにみせつける。

降りそそぐ陽光のもと、鮮やかな水色にさざめくサンゴ礁の海。あふれる光の中、まばゆい砂浜や若草色の牧場や畑に縁どられ、黒々とした森におおわれた裏石垣の山々がつらなる。

宮古島や竹富島にはない立体感と陰影に富み、いつ目にしても心が澄んでいく風景。

行こう行こうと思いつつ思い立てばすぐいける場所なので、裏石垣はいつも後まわし。バスが、一日三、四便しかないのも足かせになっていた。土日にいたっては、午前中下りが一便もないというしまつ。だったら、離島へとなってしまう。

畏友に紹介された気になる宿

しかし、この四月に意を決して裏石垣を目指した。もちろん悲壮な覚悟なんてなく、やっとこの時がきたかとときめきながら。市内のバスターミナルから伊原間（いばるま）まで、東一周線で一時間。さらに一〇分北上すると、明石（あかいし）がみえてきた。戦後の開拓村で古い沖縄らしさはないけれど、どことなくホッとするものを感じた。相性のよさそうな村。

新開地らしく全体に大づくりで間のびした雰囲気が漂い、ゆったりした時間が流れているよう。近くにいた人に道をきいて、『月桃の宿あかいし』をさがした。

四年前に八重山通の動物学者、安間繁樹さんから、気になる話をきいた。

「女房の同級生が、石垣島で宿をはじめたんだよ。それも裏石垣の明石でさ。あそこまでいく物好きが、どれくらいいるかね～。よかったら泊まりにいってあげてよ」

いくら石垣出身とはいえ市街地生まれの人が、わざわざ僻遠の明石で宿をひらいたことに興味をひかれた。その心根がいい。きっと個性的な宿だろう。遠からず訪ね、裏石垣のさらに裏側を歩いてみたいと思った。

裏石垣といえども集落が点在する西海岸には県道があり、路線バスもかよっている。しかし、東岸に道らしい道はない。だから、裏の裏側。多分、大潮の干潮時を狙って海岸線を濡れながら歩くしかないだろう。

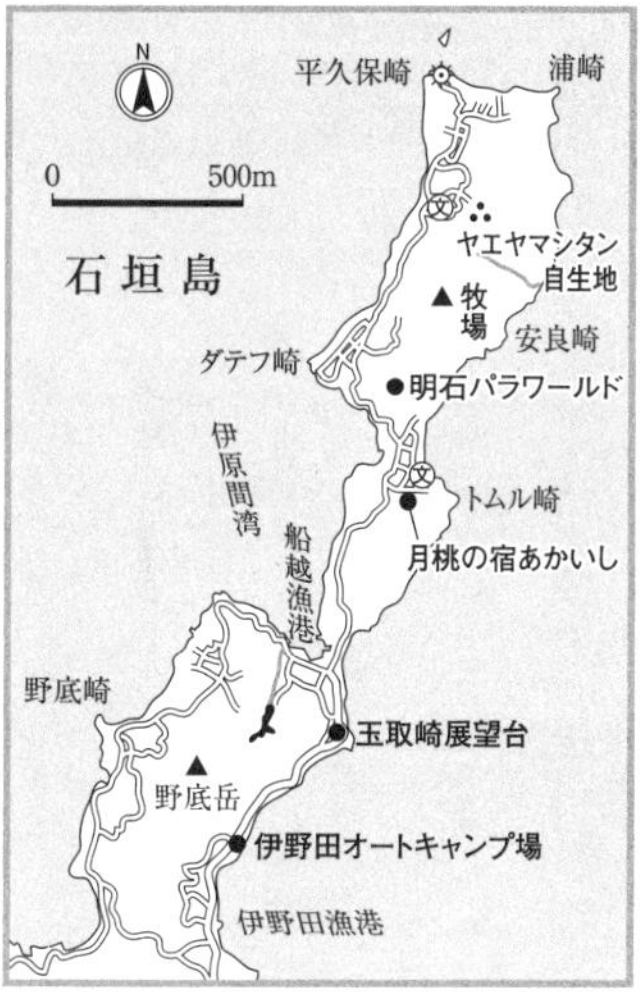

集落内で交差する直線の路地が、幅広い。コンニチハと声をかけたら、小学生がはにかみながら小声でコンチハ～と応えてくれた。三、四分歩いたところに、まわりの風景にしっくりとなじんだ予想以上に立派な宿があった。かたわらでたくさんの緑陰を提供しているみごとな大木は、涼しげな葉からしてセンダンのようだ。

『月桃の宿あかいし』。温室に入ったよう

木造赤瓦の二階建てで、隣にもう一棟ある。声をかけたが誰も出てこない。裏手にまわると自家菜園らしき畑はあるものの、人の気配はない。

母屋の十分すぎるほどゆったりした空間に誘われ、勝手に中へ入った。杉だろうか、新築のように木が香る。

琉球石灰岩を切りだし床石にしているのだが、びっしりと敷きつめずに隙間には亜熱帯植物が植えられ、ツタ植物が板壁をはっている。吹き抜けになった天井は高く、四阿（あずまや）を想わせる一角もあるので、ちょっとした温室に迷いこんだよう。ただし、さわやかな夕風が吹きぬける心地よい温室。縁側に腰かけているだけで、隠れん坊をしているような楽しい気分になってくる。こんな空間でならば、ぼんやりと待っていても少しも苦にならない。

そよ風を楽しんでいたら、よく陽に焼けた主人が姿をあらわした。やや怪しんだようすだったが、名乗ると笑みがこぼれた。ほどなく奥さんも帰ってきて、

「部屋は、母屋の一階にある畳の間でもいいし、別棟の二階もあいていたはず。母屋の二階も見てみますか。さあどうぞどうぞ、あがってください」

母屋の二階は屋根裏部屋のような感じですてきだったが、けっきょくさっきまで片隅にすわっていた風通しのよい和室を使わせてもらうことにした。

もう五時近かったけれど、さすが西の果てはまだまだ明るい。

裏石垣遠景

裏々の東海岸だけは見ておきたい。集落内は変哲もない舗装道路だったが、ひとたび海岸林に入ると光は緑をおび小径は白砂になり急激に南島度が上昇する。
樹々のトンネルを抜けると、期待していた以上に雄大なサンゴ礁が広がっていた。砂浜の長さは二キロ、幅は少なくとも数十メートルくらいありそう。はるかな白波は、一キロ以上沖で砕けている。それだけリーフが発達しているのだ。四駆らしき轍（わだち）が気にかかったが、裏明石ビーチ（と勝手に命名）は一目で気に入った。ふり返れば緑したたる森がつらなる。
裸足になって砂をさくさくさせながら、北へ。いずれ海辺を最北端までたどりたいと思っているから、ささやかな予行演習だ。

うつむいてキョロキョロしながら、一人渚を近づいてくる影があった。

重たそうな袋をさげたオバァ。

「こんにちは、なにをとっているんですか」

「ハマグリをとりにきたけれど、今日はぜんぜんとれんさ〜。それでよっ」

といいながら、袋の中身をみせてくれた。大きな毛糸玉のように絡みあった小豆（あずき）色した海藻の塊。煮とろかして固め、トコロテンのようにして食べるという。健全なサンゴ礁は、狙ったものがなくても必ずなにかを与えてくれる豊饒（ほうじょう）の海なのだ。

砂浜が果てるところまで歩くと、小さな岩山が岬となって立ち塞（ふさ）がった。藪をかきわけ背の部分の踏み跡をたどったら、またのびやかな浜になった。かなたの海岸で黒牛が草をはんでいるので、周辺は牧場らしい。

北へとどこまでものびている白い水際をながめていると、このまま地の果てるところまで行ってしまいたい衝動にかられる。

意外な返答

陽が傾いてきたので、自分の足跡を逆にたどることにした。さっきはサンゴ礁に釘づけだったが、帰りは陸側を観察しながら歩く。これがまた、なかなか優雅な景観だった。太陽はすでに山のかげに隠れ、柔らかな光が草木にしっとりとした潤いを与えていた。海岸線の岩場には、トベラ、モンパノキ、ユウナなど、沖縄らしい樹木と、純白の花をかすかにゆらすテッポウユリなどが生え、砂浜には大きな岩が点々と配置され、まるで石庭のよう。その背後には、深くしずんだエメラルドグリーンをたたえたサンゴ礁の海。

夕食は、ご主人夫妻も一緒にいただく形式。

ぼくは、主人の隣の席をすすめられた。長テーブルの上には、大皿に盛ったゴーヤーちゃんぷるー、生き生きした野菜がたっぷりのシーフードサラダ、具だくさん炊き込みご飯風のチャーハン。その他、銘々にラフテー（豚三枚肉の角煮）や煮物、もずく、ゆしどうふ（寄せ豆腐）など。彩りも美しく一目で楽しくなる食卓。晩酌したい人は、近くの共同売店でビールや泡盛など好きなものを買ってくる。

「こんな料理の出し方をする宿は、あまりないでしょう。うちではいつもこうやってお客さんと話をしながら食べているんですよ。さあ、どんどん自由にとってください」

すぐにうちとけ、おしゃべりしながらの夕食がはじまった。

数人いた同宿者はぜんぶダイビング仲間らしいが、ベテランが多いようで仲間だけで固まらず気さくな人たち。

石垣島の香りがしてどれもおいしかったが、特にルッコラ、トマトなどの野菜が光った。

「いや〜、おいしいですか。うれしいな〜。裏の畑でつくったものですよ」

主人は近ごろ野菜作りに燃えているようで、いろいろ苦労話をきかせてくれた。

話ついでに裏の海岸線を歩いて北端までいけるのか尋ねたところ、意外な返答があった。

「大潮のときならたぶん海岸線も歩いていけると思うけれど、いったことがないからよくわからない。しかし、東海岸を平野（ひらの）まで歩いていった人は一人だけいたな〜」

「ええーっ、どうやって。道はないでしょう?」

「牧場の中に作業用の道がついているんですよ。途中に何カ所かゲートがあるけれど、人間なら通り抜けられるから。通過したら、またしっかり閉めておけばいい」

この瞬間、明日の予定は決定した。

最果ての集落へ

翌朝、ジーマミ豆腐、グルクンの唐揚げ、島らっきょう、黒米ご飯、アーサ汁など地元の食材満載の朝ごはんで英気をやしない、さんぴん茶をたっぷりもっていざ出発。

教えられたとおりに宿から一〇分ほど歩くと、大らかな風景が広がった。ゲートをあけたら、必ず閉めるようにという注意書きがある。牛に食べられ一面芝生のようになった牧場を、白い砂利道がゆるやかにうねりながら北へとつづいていた。ぼくにとっては気持ちのいい遊歩道。しかし、バイク好きの島人にきいたら、「あそこは、二度と走りたくないさっ」。

うりずん（初夏の気候になる三月下旬から四月頃）のさわやかな風にのって流れてくる、ヒョーロロロロロという澄んだ鳴き声は、朱色のくちばしが美しいアカショウビン。クサゼミのジージーという暑苦しい声もきこえてくる。黒牛が通せん坊をしていたけれど、幸いぼくが近づくとむこうから逃げてくれた。

牧場にはサンゴ岩が点在し、ところどころに牛が嫌いなクワズイモやアザミが草むらをつくっている。その背後には、サンゴ礁と光る海と空。左手に連なる山々には、若葉が萌える

牛の頭蓋骨が転がっていた

大木が目についた。まさに匂いたつ若夏だった。

　単調にみえた草原だが、適度な起伏があるせいか、歩むほどに風景は大きく変貌するので飽きることがない。背後の眺めも、ふりかえるたびに変わっていく。牧場とはいえほとんど原野みたいなもの。放牧中に死ぬ牛もいるらしく、何回もバラバラになった牛の白骨や頭蓋骨を見かけた。道なかば轍がうすれて一面が草原のようになった場所に出た。ここが、昨晩主人の話していた安良村跡らしい。一七七一年の明和の大津波のとき、海水が山の斜面を六〇メートル近い高さまでかけのぼったと『大波之時各村之形成書』に記されている村だ。

　牧場らしいのびやかなたたずまいはそこで終わり、灌木の繁った原野になった。しばらく単調な道がつづき、やがて崖がつらなる場所に出た。地面の近くが横穴のようにくぼんでいる。その一部が、コンクリートブロックで密閉されていた。妙な白さが生々しい。

「裏石垣には、まだけっこう風葬のあとが残っているんですよ。髑髏が、ぽつんとあったりして。これはこれで貴重な文化財だし、大切にしていかなければならないと思ってました。

ところが、去年沖縄から得体のしれない宗教団体の連中が数人やってきて、風葬跡の穴をみんな勝手に塞いでしまったんです。なにを考えているのか、さっぱりわからない」

そうこぼしていた主人の嘆きを思いだした。沖縄や奄美で行なわれていた風葬は、洞窟などに遺体を安置してそのまま骨に返すという方法。かつては髑髏や白骨が累々の洞窟があちこちにあり、黄泉(よみ)の国へつづく通路のように感じられたものだが、最近はめったに見ない。たしかに、伝統的な宗教観に根ざした風葬跡は、貴重な文化財といえるだろう。モノが移ろっていくのは仕方がないにしても、風土に育まれた心が風化していくのは恐ろしい。

道を横切る流れを川沿いに海辺へくだって砂浜に寝ころがり、オレンジと白の対比が華やかなツマベニチョウを追いかけながら、ぼくは北へ北へとすすんだ。サンゴ礁の煌めく海がみえるのに、なぜかウェールズで歩いた快適な遊歩道の面影がたびたび心をよぎる。

そして、三時間あまり。ついに石垣島最果ての集落平野に到着した。午後までやってこない土曜日の始発バスを待ちながら、開拓記念碑の碑文をじっくりと読む。沖縄各地からここへ移住してきたのは、昭和三二年。ぼくより、ちょっとだけ若い村だった。広大な農地以外に店すらないしずまりかえった村が、急に親しい存在に感じられた。

船の旅

船旅の楽しみは、クルマや飛行機、列車、バスなどにない開放感だと思っているのだが、最近主流になってきた高速船は缶詰にされてしまうことが多くて、つまらない。

そんな時流に負けず頑張っているのが、世界屈指といわれる石西礁湖（石垣島と西表島の間に広がる大サンゴ礁）を行くフェリーや貨客船たち。小浜島、黒島、西表島、鳩間島はもちろん、高速船がひっきりなしに発着する竹富島にも通っている。

高速船で波を蹴立てて疾走し、かつ曇った窓越しでも美しさに感嘆の声があがる海だから、ゆっくり走る船の小高い甲板から見下ろしたら、どんな光景が広がっているのか想像してほしい。鳩間島周辺にも同じような海が続き、我が目を疑うほど。

離島めぐりする中で利用しがいがあるのが、野甫島（伊平屋島から架橋）と伊是名島を結ぶチャーター船。3名まで5000円で1人では高いと感じるが、伊平屋から伊是名へ定期船で移動しようとすると、本部半島の運天港まで戻り出直さねばならず、運賃の合計は4140円。時間も節約できる。

春先の渡嘉敷・座間味・久米島航路は、クジラと遭遇することもしばしば。船のブリッジでは乗組員がいつもワッチ（監視）しているので、クジラに気づいたら船内放送で教えてくれる。無料でホエールウォッチングができてしまうわけだ。

南北大東島は、小笠原から沖縄近海に移動するクジラの通り道に位置するので、大東航路でも遭遇することがある。両島では船が直接接岸できないため、檻のようなゴンドラに入りクレーンで吊り上げられての乗下船となる。日本中でも、ここでしか楽しめない貴重な体験だ。もちろん、料金は込み。

第二章
宮古の島々

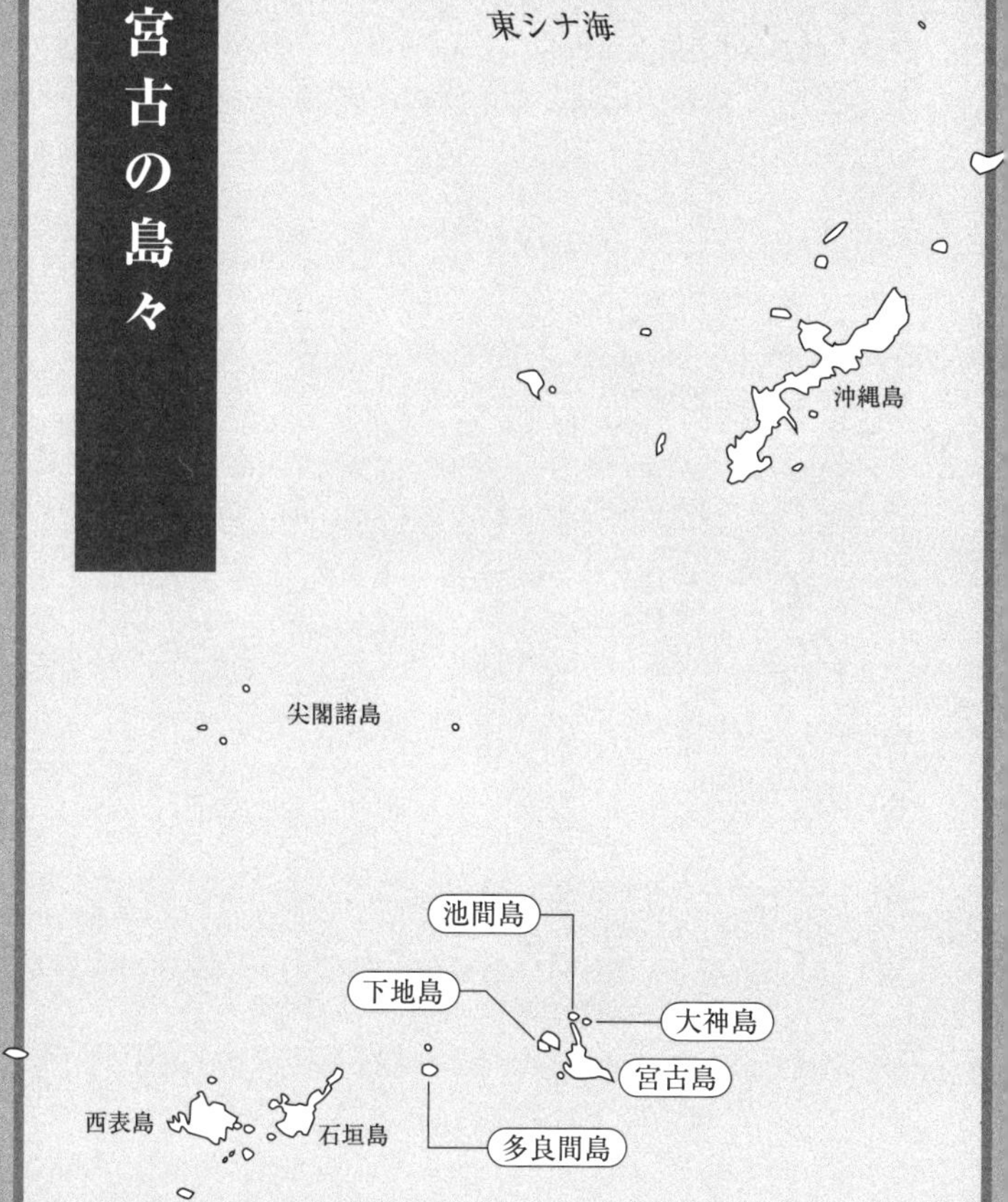

宮古島(みやこじま)――海を眺めつづけたら七年がたっていました

自然農法をやろう

宮古島南部の下地町(しもじちょう)で、おいしい有機野菜をつくっている農家があるときいて訪ねたのが、小山さん夫妻だった。場所は、宮古でも屈指の美しい浜として知られる与那覇(よなは)前浜の近く。約束より早く着いてしまったが、小山さん夫妻は柔らかな笑顔でむかえてくれた。

よく冷えたレモングラスティーをいただきながら、軽い気持ちで有機野菜の栽培に取り組んだきっかけを尋ねた。ところが、ここにいたる長い長い道のりをきいて、ぼくまで一緒に旅したような不思議な気分になってしまった。

「ふと『日本』をしっかり見てみたくなったんです。そこで、小学生の子どもを連れて半年

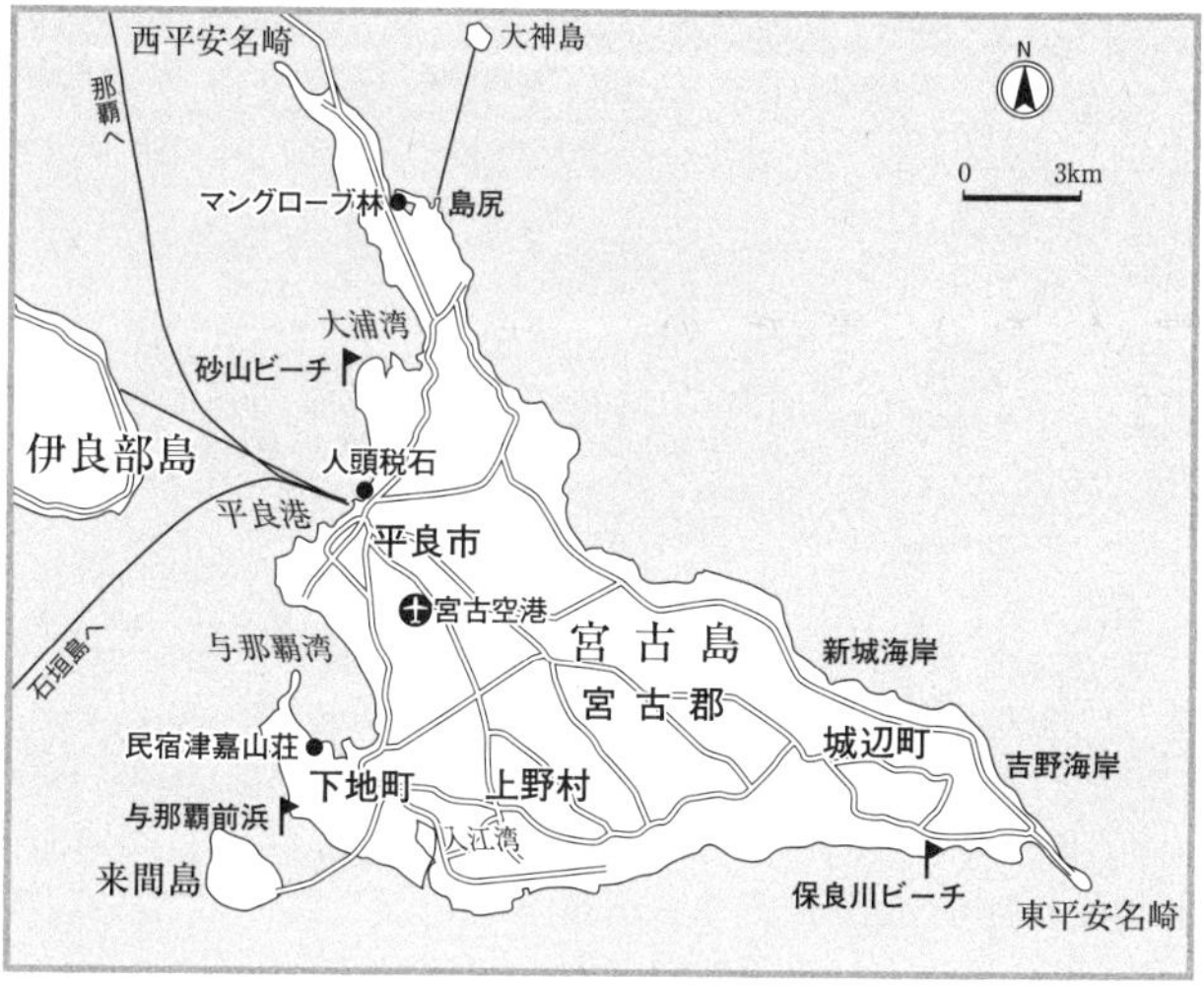

間日本一周のキャラバンにでかけました。そのころは名古屋に住んでいて、そんなに長期間休ませるなんてとんでもないと、学校からは反対されたんですが押し切ってね。全国を歩いた中で、一番気に入った場所がここだったんです。沖縄と宮古を見てしまったら、名古屋に帰る必要もなかった。地元の学校へ相談にいったら、書類はあとで取り寄せればいいから今日からきなさい、ですよ。温かいきちんとした給食はでるし」

自営業だったので、移住は自分たちの決断しだいだった。

「ここの素晴らしい海を飽きるまで眺めつづけたいと思ったんです。どのくらい眺めつづければ飽きるのか。毎日、海を眺めて釣りばかりしていました。主に、サヨリやブダイ、アイゴ、チヌ。いくらでもいましたよ。魚は獲れるだけ獲った。脱都会できてなかったんですね。つい欲張って獲ってしまう。あまった分は、市場のオバァたちに引き取ってもらった。やっと、七年たって飽きました。もちろん今でも海は好きだし、見にはいくけれど」

とうとう海に飽きたとき、今度はなにをしようかと考えた。

「スイカなどを食べたときに、庭にプッと種を吐いたりするでしょう。そうすると、放っておいてもみんな芽がでる。こんなもんか、それなら自然農法をやろう。そう考えていたら、一反二畝（約一二〇〇平方メートル）の畑を入手できた。そこで、会員制でふるさと宅配便のようなことをはじめたんです。しかし、いつ頃なにをどのくらいと細かく約束したので、それを守るのに追われて……。二、三年で先細りになり、やめました」

そんな無造作な言い方をするけれど、有機栽培にかける情熱が並々ならぬものであることは、言葉の端々からさりげなく伝わってくる。少量多品種の栽培をしながら、他では作っていなくて宮古島の風土にあう野菜を探した。種を通信販売で取り寄せたり、外国に行く人に頼んで買ってきてもらったりで、作る野菜はふえていったが、今でも基本は少量多品種。

プンタレッラ、ヴェローナ、ロロロッサ、黒キャベツ、ビアンカミラノ、アイシクルなど、耳にするのさえ初めてのようなイタリア野菜に力を入れている。

「有機栽培として認定を受けるときに書き出した作物は、六二種類ありました。サラダ用の葉物だけで十数種類ある。その後は、いちいち数えていないからわからないな。新たに栽培をはじめたものもあれば、やめたものもあるので」

「こんな変わった野菜は、どんなところへ出荷しているんですか」

「東京の大田市場に理解のある店があって、そこへ送っています。その店から、いろいろなレストランや高級食材店へいっているようです。まだ、細かな行く先までは確かめていませんが。以前は、個々のレストランへ直接送ったりもしていたので大変だったけれど、今は楽になったな。でも、基本的には地元、宮古島での消費が中心ですよ。二、三月がピークだったので、今はあまりありませんが、畑を見ますか?」


島での生活は素晴らしい。でも……

つれていかれたのは、大規模な家庭菜園だった。実に種類が多い。花こそないけれど、場所によっては畑というより庭のよう。えっ、これも野菜なの？　失礼ながら、雑草とまったく区別がつかないものもある。種が混合だったため、数種類の野菜が入り乱れてにぎやかに育っている楽しげな畑は、八重干瀬(ヤビジ)でみたサンゴ礁のよう。

「はじめはまったくの自然農法でした。農薬は最初から使っていない。使い方や効用は、今でも全然知りません。最近、ボカシやEM菌を使うようになりました。いやー、ボカシのできがいいときはうれしいですよ。やっぱり、効くものは効きますね。風よけにピジョンピーを植えてますが、これは緑肥にも使える。そういえば、最後のプンタレッラはこれだったんですが、今朝収穫してしまって。まだあるので、あとで味見しますか」

少し立ちあがった茎の上にギザギザをとったタンポポの葉がくっついていて、真ん中はなにかを毟(むし)りとられたようにぽっかりとあいていた。この部分にもりっと固まった薹(とう)があって、それを食べるらしい。イタリアでは春の訪れを告げる旬の野菜で、ローマっ子たちはプンタレッラを食べて春を実感するという。

「知り合いのご主人がイタリア人で、まさか日本で新鮮なプンタレッラが食べられるとはと、とっても喜んでくれたそうです。もうやめようかと思っていたんですが、作ってきたかいがありました。大田市場のお店も、これからも作ってほしいといってくれるし」

おいしい筍(たけのこ)と挽肉のスパゲッティーや、ゆでたビーツをいただきながら、プンタレッラも味わった。細長くそぎ切りした淡い緑のプンタレッラのサラダは、しんねりしゃっきりとした歯ごたえとさわやかな独特のほろ苦さがあった。ふ～ん、こんな味なんだ。さして感動もなく食べているのに、なぜか後を引いてついつい手がのびる。これが旬の野菜の魔力なのか。

「ありがたいことに、どんな野菜でも作れば売れます。一年中なにかしら出荷できるよう考えて植え付けしているんですが、台風には泣かされる。欲しいといってもらっても、出すものがないから。一発の大きな台風より、去年のように繰り返しくるほうがつらいですよ」

「有機野菜作りをする農家が、ふえているんじゃないですか」

「有機栽培をする農家は減ってはいても、ふえてはいない。横ばいくらいだと思います。JAS法の検査認証制度の適用を受けるための手続きは面倒くさいし金もかかるので、有機栽培していても登録しようとしないお年寄りも多いし」

「あこがれの宮古島に移住してきて、有機栽培に取り組みたいという人はいないんですか」

「宮古島で農業を！　なんて求人情報誌で募集すると、たくさん応募があって島にやってくるんですが、いつのまにかみんな消えてしまう。誰も残っていないんじゃないかな」

「有機農業は置くとして、本土からの移住者はふえているんですよね」

「都会と比べると、土地を買って家を建ててもこんなものかって、老後を過ごすために移住してくる人は多いですよ。でも、せっかく家を建てたのに、三、四年で出て行く人も多い。きれいな海と空気。のんびりした時の流れ。島での生活は素晴らしい。でも、それだけでは飽きてしまうんでしょうね。なにか生活の中で目的意識がもてるようなものがないと。ここでじっくり絵を描いたり文章を書いたりなんていうのが、いいと思いますよ」

七年間海を眺めつづけた小山勲さんが言うと、説得力がある。

「ゆっくり絵を描きたいと思っていたんですが、農業にすっかりはまってしまって」

勲さんの後ろには、五〇号くらいありそうな大きな絵があった。奥さんも、

「二人で食べていくぶんには、そんなに稼がなくてもいいのに。美味しかった！　もっと作ってください、もっと送ってください、っていわれるとつい頑張ってしまう」

電話が鳴って、奥さんが受話器をとった。

「ディルの注文が入ったけど、あったっけ」

「あ～っと、あそこに二株残っていたはずだから大丈夫。あれをもっていこう」

見かわす二人の表情は、「野菜作りって楽しいよ！　野菜には心がある」といっていた時と同じように、とても満足げだった。

多良間島（たらまじま）――この島の海の素晴らしさを思い知ったさ

珍しい男だけの祭り

宮古島を後にして、一時間半ばかり。空は晴れあがり、半袖半ズボンの手足はじりじり炙（あぶ）られるように暑い。昨日手首についたばかりの腕時計の痕も、消えた。冷房がきいている船室にもどろうかとも思ったが、甲板で風に吹かれ海を感じるという快楽にはかえがたい。

群青色の海原すれすれに、トビウオが滑空しはじめた。まるで波とトンボを両親に生まれた健康優良児のよう。ごく低く滑空するようすは怪しげな偵察機だが、魚体は美しい。トビウオを追いかけるように操舵室の前までいくと、行く手に予想以上に平らな多良間島が浮かんでいた。風を満身にうけながら、徐々にふくらんでいく多良間を眺めつづける。

人間の感性になじみやすいこの刻々のひと時が好きだ。緑の塊がほぐれて一本ずつの木になり、紺色の海が光をたたえてサンゴ礁になる。水平線のかなたからあらわれた島影が、着々と現実のものとなってたちあらわれる充実感。心が島に吸いよせられてゆく。

普天間港は待合室と大きな防波堤があるばかりで殺風景だったが、西側に広がるサンゴ礁には目をみはった。十数名いた乗船客のうち、よそ者はぼくとダイバーらしき二人の女性だけ。彼女たちはダイビングショップのクルマですぐに走り去ったが、ぼくを迎えにきてくれるという宿のクルマは見当たらない。しばらく待って電話をすると、

「ああ、飯島さんですね。今、息子が迎えにいきましたから、もうすぐつきますよ～」

「えっ、ぼくは飯島さんではなく、斎藤といいますが……」

「え～ぇ、斎藤さん。いいですよ、いいですよ、待っていてくださいね～」

程なくして、近づいてきたクルマから「飯島さ～ん」と声をかけられた。飯島さんが斎藤さんに変身したと説明してクルマに乗ると、若旦那はすぐに話しはじめた。

「多良間の海は素晴らしいでしょ～。ぼくは、神奈川で働いていたことがあるさ。ある時とっても有名な湘南の海へ行ったらよ、海が違うわけ。泥のような色をした黒い海だった。その時あらためて、多良間の海の素晴らしさを思い知ったさ。うちの兄弟は長男も次男も沖縄

（本島）にいるので、自分はいずれ島に戻ってこようと思っていたさ」

　そのうちに、五月上旬に無事終えたばかりのスツウプナカという祭りのことを語りだした。スツは節、ウプナカは祭りのことで、要するに五穀豊穣を感謝する節祭（せつまつり）のこと。

「スツウプナカが無事に終わって、ホッとしたさ〜。沖縄の祭りはふつう女性が中心だけれど、スツウプナカは男の祭り。珍しいでしょ〜。祭りに使う魚二五〇キロを、一五人で三日間のうちに獲らないといかんわけ。定置網も使うし、追い込み漁もやれば、夜に潜って突いてもいい。どんなことをしてでも、魚を獲って必要なだけ揃えるのが役割さ。その三日間は、本当は釣りもダイビングもみんな禁止よ〜」

　よくよく聞くと島を挙げて行なわれる祭りなのだが、

八グループほどに分かれ四会場で並行して同じような祭事を執り行なうらしい。二日間にわたって行なわれる本祭りに先立つ三日間、役割を分担した座ごとにそれぞれの準備をする。若旦那が属するのは、イム座で魚の調達係り。イムとは宮古地方で海のこと。海人のことは海者（いむじゃ）と呼ぶ。

　準備が整うとそれぞれの会場に男たちが集まり、神歌であるニィリ（日本語にない母音を含むので実際の発音はかなり違う）を歌い独特のヒーヤヤッカヤッカヤッカという囃子（はやし）に合わせて、芋や米で醸した酒を回し飲みする。女性で参加するのは、招待される司（神女）だけだという。とても楽しそうですね〜というと、

「今度、きたらいいさ〜。毎年取材に来る女性記者もいるよ。夜は一緒に飲むしよっ」

多良間はまだ土葬です

　スツウプナカの話で一挙に島の空気に染まったのか、クルマから降りた途端に島のしっとりした空気にスポッとはまり、やはり二泊しようと決めた。通されたのは、広々とした芝の庭に面したテレビやクーラーが整った今時の部屋。角部屋なので入口の扉を開け放てば、三

方からさわやかな風が入り、吹き抜けていき、はるばるとした気分になる。

疲れていたわけでもないが、畳にゴロリと仰向けになると、窓の向こうに真っ青な空とふっくらした白い雲、その前にはそよ風にゆらぐバナナの葉やカサカサふるえるフクギの厚ぼったい葉っぱ。何種類もの小鳥のさえずりが、重なり合い追いかけっこをするように聞こえてくる。

久々にとろりとした島時間に溺れそうなのは、早々に二泊を決めたからか。しばらくゆるゆるの風に体をならしてから、集落の中を巡り歩いた。

すぐそばに嶺間（みねま）御嶽があり、その先では新しい墓の造成が進み、もくもくしたフクギの間を行くと運城（うんぐすく）御嶽があらわれ、現在の島の基礎を築いた土原豊見親（したばるとゆみや）が祀られた土原御願があった。重要無形文化財に指定されている八月踊りが行なわれる場所。その海側にある小高い丘に、

海辺の御嶽

石で組まれた八重山遠見台があり、脇には巨大な展望台が聳（そび）えている。

最上階までトントンと登っていくと、西方に裏石垣の山々が青霞色してくっきりと連なっていた。近いな~と思って表示を見ると、石垣まで五九キロ、宮古まで五七キロ。市街までの距離だろうから、裏石垣の山々までは実際三〇キロくらいしかないのではないか。他に記されていたのは、那覇まで三六〇キロ、台湾三三〇キロ、東京と北京は同じく二二〇〇キロなど。日中・日台関係がこじれている時代、多良間はずいぶん微妙な位置にあるのだ。

小さな島なので、ぐるりとすべてを見渡せる。サトウキビ畑と牧草地が目につくが、屋敷林や海岸林、農地の防風林など樹々もしっかりと残って、海上からみた以上に緑濃い島。集落は北部一カ所にかたまっていて、西端には飛行場がみえた。

夕食には、美味しいイカのスミ汁や晒（さら）したゴーヤーをそえたチン（魚）の刺身、湯引きしてぷりぷりのクルマエビなど島の食材も豊富に並んだが、一緒に飲もうといっていた若旦那は現れなかった。オバァによると、男たちは村長選挙を来月に控えて浮き足立っているとか。

翌日は、宿の自転車を借りて島を駆け巡った。展望台の上から眺めたより島は広い感じがしたが、平らなので走るには楽だった。

海岸線を一巡りしていると、道路から海に下りる踏み跡の多いこと。村内では次々に現れる御嶽や井戸などに足を止め、郷土資料が展示された民俗学習館に寄り、図書館にも顔を出した。小さな子が二人本を読んでいるだけ。

館長と話しはじめると、すぐに話題は村長選挙に。

前回は一票差だったので、負けた方の陣営は今回燃えに燃えているらしい。事情に疎いぼくに対しても、手加減のない熱さで語った。

ハンモック発見

最後に、今晩は自分たちが推す候補の陣営が固めの会をするので、アンタもみにきたらいいと誘われた。ぼくの泊まっている宿も同じ陣営なので、声をかけてくれたらしい。

夕食の時に、宿のオバァがボソッと言った。

「隣のオバァが、さっき亡くなったさ。宮古の病院から船で昼過ぎに戻ってきて、五時頃たくさんいる孫たちに囲まれて亡くなったさ〜。まだ土葬ですよ。沖縄や宮古は火葬だから、余計なお金がかかるさ。洗骨（せんこつ）はする家もあれば、しない家もある。墓は森になっているさ」

神様から与えられた穏やかな日常

食後まだほのかに明るさの残る前泊港へ夕涼みに行くと、船溜まりで三、四組の家族が子どもを海で遊ばせていた。子どもたちが海に飛び込むと、笑い声と水音の間で水面に映った水銀灯がおっとりとゆらぐ。頭上には、満月が光っていた。

さっき聞いて見当をつけていた固めの会の会場を探したが、みつからない。村の中をうろついているうちに、遠くから三線の音とざわめきが流れてきた。二〇台以上のクルマが路上に連なり、前の集会場には煌々と明かりがともっている。老人、中年から若い親子連れまで、あらゆる人たちが熱気をむんむんさせながらせわしなく歩き回っている。雰囲気も粘り気が感じられるほど濃密なうえに、これから大花火大会でもはじまりそうな混雑。とてもじゃないが、物見遊山でぶらりと訪れた旅人に入り込む余地などなかった。

島を去る日の朝食の時、前から頼んでいたオジィの話が聞けるかオバァに確認すると、

「多分無理なわけよ。昨日死んだ隣のオバァの葬式があるから。観光客がよく行くところね～。島には何があるのってよく聞かれるけれど、何もないさ～。そうだったでしょう」

確かに、何もないといえば何もなかった。ただ、多良間島と多良間人の日常があるだけ。朝の散歩を楽しもうと、これまで踏み入れていなかった集落のはずれに行くと、小さな小屋から龕（がん）を運び出しているところだった。昨夕亡くなったオバァの遺体を納めるのだろう。その先は、宿のオバァが言うように森と化した墓地だった。

ざっくり伐り出した岩を積んだような墓もあれば、岩盤を掘って作った墓もある。大きさは一基一基が小さな家ほどもあったが、自然の中に溶け込みほとんど大地の一部となっている。適度に陽が射す森の中で大樹に守られ、静かに眠りながらいずれは土へ自然へと回帰していくのにふさわしい環境だった。

三日間島中を巡ったけれど、旅人には一人も会わなかった何もない島。神から与えられた穏やかな日常を、淡々と健やかに過ごすのが幸せと思えるならば、これほど幸せな土地もないだろう。

でも、穏やかな日常だけでは人は生きていけないのかもしれない。昨晩覗き見た村長選挙に臨む固めの会に渦巻く熱狂を思い出しながら、そう思った。

大神島——学校の行事は、そのまま島の行事ですからね

島そのものがご神体

島尻港の岸壁に立つと、一面サンゴ礁の海のかなたに、ゆるやかなピラミッド状の島が浮かんでいた。堂々とでもなければ、ひっそりとでもなく、ただ静かに。

大神島だった。

大神という名を口にする時、宮古の人たちは誰もがちょっと居住まいをただすような感じをうける。みだりに名を呼んではいけない。大声で語ってはいけない。というタブーがあると聞いたことはないけれど、どこかにそんな想いが潜んでいそうな物言い。

大神島は読んでのとおり大いなる神の島であり、島そのものがご神体だという。「おおが

み」は、「拝み」につうじるとも聞いた。きわめて霊力の高い島であり、周辺の人々から篤い崇敬の念をよせられている聖地。

もっといってしまえば、大神島ではどんな不思議なことがおきても、宮古の人たちはすべてをありのまま受け入れるだろう。そんな場所。

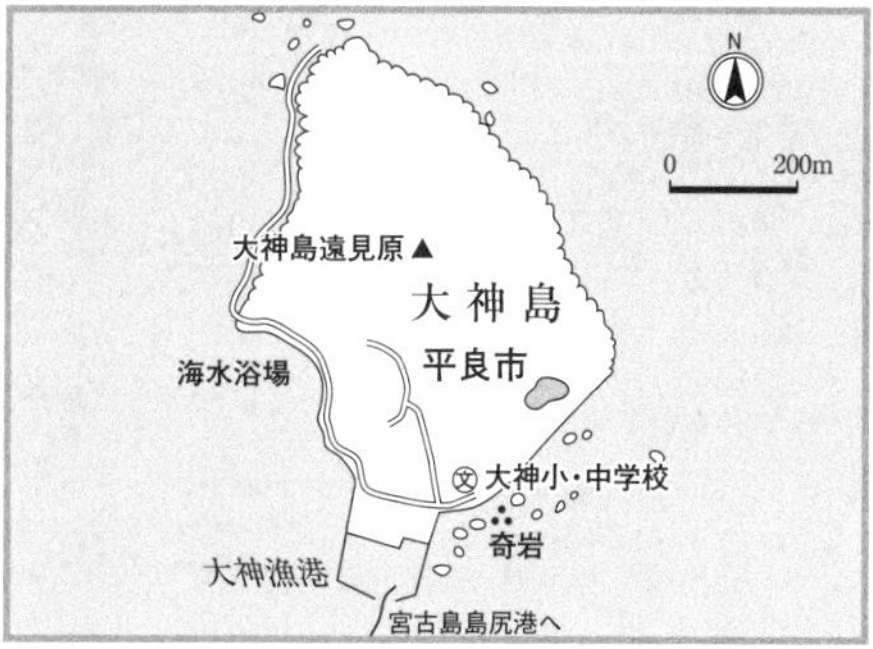

「大神の人口ね〜。二〇名もおるかね。小学校は三名、中学校は一名いるさ」

切符売りのおばさんとそんな会話をしていると、島から船がやってきてオバァとオジィが六名も下船した。けっこうたくさん降りるんだなとみていたら、おばさんが、

「今日はとっても多いさ〜。なにかあるはずよっ」

甲板で八時の出港を待っていると、定刻間際になってどっと人が乗りこんできた。といっても、一〇人足らず。島人にしては、若い人ばかり。隣にすわった人に聞くと、みんな先生たちだという。たしかにそんな雰囲気。

現在は、中二が一名、小六が二名、小三が一名で、小中学

校あわせてわずかに四名。子どもたちは兄弟二組で、そのうち一組はおばあちゃんの家から通っており、週末は平良市内の親元にもどっているという。

「島の人口は、五〇名ほどでしょう。先生は、用務員さん一人をふくめて一〇名います。中学校は、生徒一名に先生が四名。日本一贅沢な中学校かもしれないですよ」

専属の家庭教師を雇うよりも恵まれた学習環境といえそう。

「贅沢なのはそれだけではないですよ。教室からみえる風景も日本一。宮古島から池間島にかけてひろがるサンゴ礁が、いながらにして一望できるんですから」

最高に恵まれた学校も、新たに宮古島市が誕生して学校の統廃合がすすむと、島から消える可能性もあるという。

小島の学校は単なる教育機関ではなく、村の灯火であり文化の支柱であることを考えると、よそ者でさえ複雑な思いにかられてしまう。

「運動会などには、出身者が驚くくらいいっぱい帰ってきて参加しますよ。学校の行事は、そのまま島の行事ですからね」

非公開の祭祀が息づく

話をしているうちに、船はたちまち大神島の港に滑りこんだ。先生たちは海に面した学校へぞろぞろと向かい、ぼくは最後に下船した。霊感の強い人なら、いるだけで頭がガンガンするという島だが、もちろんなんともない。先生たちも笑顔でおしゃべりしながら降りて行ったから、ぼくだけが鈍感ということでもないだろう。

どことなく風景が薄いのは、静かに老いつつある小島だからか。

港から西海岸に沿って道がついていた。つややかな緑の葉を光らせ濃い桃色の花をつけたグンバイヒルガオが、まばゆい白砂の浜に着々と勢力をひろげつつある。浜が終わるとどこまでも水色のサンゴ礁がつづき、その果てに池間島がみえた。

護岸にすわって海を眺めているだけで、肩の力がかぎりなくぬけていつか海の中に溶けてしまいそう。目の前にこんな海があれば、他の島ならダイビングショップの一軒や二軒あってもおかしくない。しかし、大神にはショップも宿泊施設もなかった。

浜辺についていた道は、いつの間にか海岸線ぞいのサンゴ礁の上に移っていた。本来なら

折れてしまいそうなキノコ岩

海からしか望めない海岸線が右手につづき、道との間に大きな潮溜まりまである。まるで景勝地につけられた海上の遊歩道。本当は、なんのために作られた道なのか。

左手に今にも軸が折れてしまいそうなキノコ岩が、ぞろぞろ登場。これを見せるために道をつけたんだよ、とでもいいたげにそのすぐ先で道は途切れていた。

道路の体勢は、あきらかにもっと先へ進みたいと半歩踏み出しているのに、バサッ。行き止まった道の真ん中あたりに、その上で焼香したとおぼしき太い枝珊瑚（さんご）が横たわり、そばに白砂が盛ってある。柄にもなく神妙な気分になって、思わず手を合わせてしまった。

あとで聞いた噂によると、全島ご神体という大神に一周道路をとりつけようとしたところ、あまりにも凶事がつづいたため工事が打ち切りになったのだという。部外者には一切非公開の祖霊神（うやがん）という祭祀が現在も存続する神の島に、不用意なコーキョー事業は似合わない。祖霊神は文字通りあの世におわす村建てのご先祖さまたちであり、祖霊たちを村に迎え入れて現世に生きる村人たちの幸を願う祭祀だそうだが、細かなことはわからない。

祖霊たちの心は？

港までもどり、標高七五メートルある島の最高所遠見台を目指した。集落はこぎれいだったが、ひた寄せる緑が人為をじわじわ圧倒し自然に戻りつつある印象を受ける。

集落のはずれから遠見台にかけては、すっかり整備されていた。急斜面には階段や木道がとりつけられて、悪天候でも滑らずに登れそう。歩きやすくはなったけれど、大地の感触を確かめられないのが、島から隔離されているようでさびしい。

山頂の聖なる岩は登頂禁止が明示されたかわりに、脇に八畳ほどの展望台ができていた。そこにきちっと脱ぎ揃えられた、茶色のサンダルが一足。眺望は開けているが、周囲は低いながらも草木が繁って飛び降りられるような状況ではない。すると、このサンダルはなんなのだろう。誰かの悪戯（いたずら）？　それとも、ここから天に昇った人がいるのか？　大神島にいるだけで、想像の翼は果てしなくひろがり思いがけぬ高みに達してしまう。

恋の季節なのか羽と胴に渋い紅色をおびたベニモンアゲハが絡みあうように群れ飛び、そ

散歩道で裸足のオバァを見かけた

の合間を縫うツバメは妙にゆっくりで、まさに燕尾服のように二股に分かれた尾羽がはっきりと見てとれる。どこか過剰で濃密な光景。

集落を俯瞰すると、こぢんまりした港、赤い小さな灯台、日本一の小中学校、島の中にとけこんだ家々。本当に五〇人もが暮らしているのだろうか、というたたずまい。この小さな空間のどこに、非公開の祭祀を維持する力が潜んでいるというのか。

遠見台からおりてカラー舗装された小径を海にくだる途中、ザッザッザッザッザッザッザッという小気味のよい音が聞こえた。裸足のオバァが鍬で畑を耕している。時々混じるチッチッは、土の中の小石を打つ音らしい。島のオバァ・オジィの裸足は珍しくない。

何回か宮古や八重山の裸足愛好家（老人が主）の足裏をみせてもらったことがあるが、靴の軛に苛まれている都会人よりはるかにきれいで、驚いたことに角質化せず柔らかくしなやか。健全な土と親しんでいる人間の足とは、本来そういうものらしい。

「遠見台の整備は三カ年前よ〜。誰でも簡単に登れるようになったさ。この道は、去年。え〜、昔はこんなにヤマはなかったよ〜。島の裏側までみんな畑だったさ。芋をたくさん作ってよ。そうしないと、食べられなかったから。オバァが若いころは、学校の生徒だけでも五、六〇名おったさ〜。道も今のように荒れていなかったから、遠見台の下の坂を滑り降りて遊んで、楽しかったよ〜。ムーニ（ヤシ科の植物）を編んだゴザにのってね〜」

ヤマとは山ではなく、開墾されていない土地のことらしい。木道がなければゴツゴツして登るのも大変で、雨が降ると滑りそうな急斜面。子どもたちはそこで歓声をあげながら遊んでいたという。しかつめらしい顔の神様が占領しているだけの島ではないらしい。

「昔はハーリー（爬竜船競漕）も盛んで、漕ぎ手もいっぱいおったよ。踊りもにぎやかだったさ〜。今は、七〇、八〇の老人ばかりよ〜」

オバァはそういって、明るく笑った。

こういう状況を、島の祖霊神たちはどう考えているのか。

静かになりゆきにまかせようというのか、それとももっと開放的にしてよそ者もとりこんでいこうというのか。一周道路をきらった祖霊たちの心はもう決まっていそうだが。

池間島（いけまじま）――海を眺めながらコーヒーを飲んだらいいですよ

沖縄屈指のサンゴ礁

ぼくを降ろすと、バスはそそくさと走り去った。バスの後ろ姿のむこうには、池間大橋が空へむかって盛り上がるようにのびている。それと響きあうように、ぼくの期待もふくらむ。これから、沖縄でも指折りの美しいサンゴ礁を歩いて渡ろうというのだ。

橋のたもとにある展望台にたつと、目の前には聖地大神島。エメラルドグリーンの海に浮かんでいる小舟は、養殖モズクを収穫しているらしい。潜っては黒っぽくぞろりとした塊を船上にあげている。淡青の海底に網を張りめぐらしてつくられたモズク畑が、四角い影のパッチワークになっていた。

池間大橋。歩いて渡る

どんなに美しい場所にも人の営みがあるのはわかっているけれど、絵葉書でさえシッポを巻きそうな眩(まぶ)しい光景の中で、日々仕事にいそしんでいる人にはどんな想いがあるのか。

ぼくだったら、海が美しすぎるから悪いんだなんて人のせいにして、すぐに仕事をサボってしまいそう。でも、生まれたときからこの海が当然の人たちには耐性ができているのだろう。余計なお節介を思いめぐらしながらぼんやりしているのが、ふんわり心地いい。

動くのがいやにならないうちに、橋の端にとりついた。約一・五キロの橋を歩いて渡ろうとしているのは、ぼくだけ。駐停車禁止なので、わずかにスピードを落とすクルマはいても、みんなスーッと通過してしまう。

あ～あ、もったいない。でも、みんながゾロゾロ歩くようになったら、それもがっかり。とはいってみても、遮るものなく照りつける陽射しのもと、いくら絶景でもそうそう酔狂はあらわれないだろう。頭の中で想いをめぐらせながら、両側をみたくて橋をジグザグすすむ。追い越していくクルマは、大半がレンタカー。ぼくが橋をわたりきらないうちに、戻ってきたクルマもあった。「とりあえず端っこ派」の旅行者か。もったいないな。

橋の頂点に達する前に、大きなこげ茶色のサンゴ礁があった。黒っぽいのは共生している褐虫藻が元気なためで、サンゴが生きている証拠。まるでキノコの森を上空からながめているよう。大小のテーブルサンゴが、重なりあうように繁っている。まさに海中の森。歩いているのか、宙をさまよっているのか、海中をただよっているのか。サンゴの森をみつめているうちに、自分がどこにいるのかわからなくなってしまう。

樹々の間で、なにかがキラリと光った。光そのものよりも、もっと鮮やか。こんどは、ゆらりと光る。どうやらツノダシかハタタテダイらしい。黄と白、黒の太い縞模様が鮮烈な、エンゼルフィッシュに似た魚。コバルトブルーは、ブダイかベラの仲間だろうか。魚影も楽しいが、森を見ているだけでも十分に満足だった。

橋の一番高いところで、釣りをしている初老の男性がいた。かたわらには自転車。こんな場所ではいったいどんな魚が釣れるのだろう。

「いやー、ぼくもよくわからないんですよ。でも、なにかかかるかもしれないと思ってね」

最近ふえているという本土からの移住者に違いない。勝手にそう烙印（らくいん）を押す。今は南の島暮らしの憧れが実現して嬉しいかもしれないけれど、一年後、五年後、彼はなにを楽しみに暮らしているのだろう。島で遊び友達を作らないと、つまらないんじゃないのか。

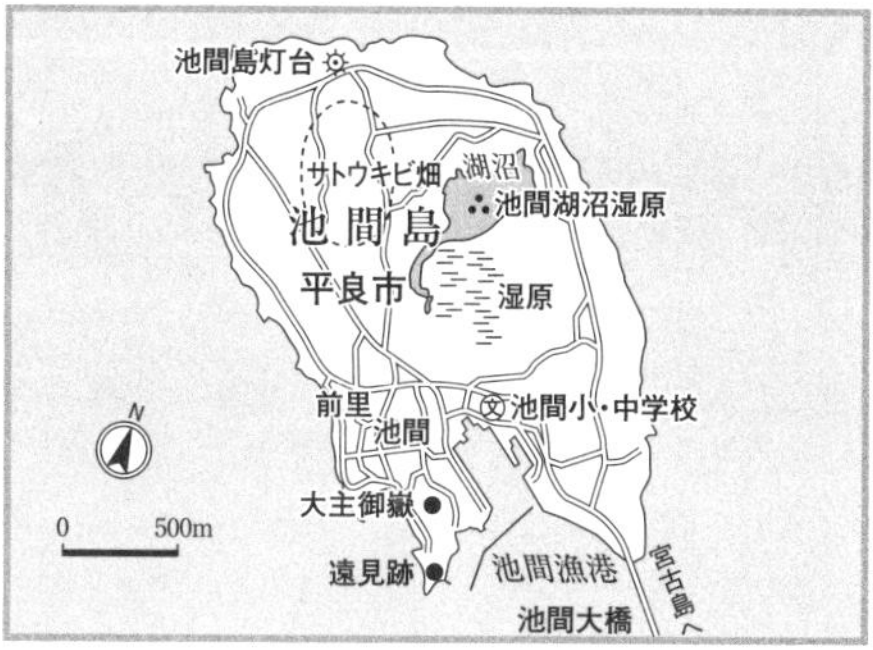

ジグザグゆるい坂をくだる。こげ茶色の大サンゴ礁が、橋の下に次々とすがたをみせた。潮は、かなりの速度で東から西へと流れている。移動する海水とその中でゆらめくサンゴ礁を、じっとみているとサンゴ礁自体が深く呼吸しているよう。かつてこの美しい海を、黄金丸という連絡船が渡っていた。日ごろは穏やかで優等生の海も、風や潮、波などの向きによって牙をむき、定期船は何日も欠航して島人を苦しめたという。

池間島の古老から、こんな話を聞いたこともある。

「なーに、黄金丸は上等よ。帆船時代はあっちこっち吹き流されて、この距離を渡るのに二日かかったこともあったさ〜」

今はどんなにだらだら歩いても、島まで一時間もかからない。橋を渡り終えた高台に食堂があったので、「ビールっ、ください」と叫びながらかけこんだ。

窓際の一番いい席が、ちょうど運よくあいたところ。ぼくの真正面には、ピラミッド型した大神島、サンゴ礁の海、白い砂浜、緑したたる海岸林。それを肴に、ほろほろと酔いに身をまかせる。池間大橋踏破にふさわしい、最高のご褒美だった。

入れかわり立ちかわり観光客がやってきて、サザエのつぼ焼きやウミブドウ、宮古そばを注文し、あわただしく食べると風のように去っていった。みんな池間島を目指してくるのではなく、橋を渡ったら池間という島だったというだけ。

宮古地方を代表する海人

宿で昼寝をしてから、ビーサンをつっかけて島を一巡りした。宮古島の北にぽつんと浮かぶ小島だが、南西端に集中した集落はかなり大きく頑丈そうな家が多い。路地をぶらついていると、ところどころに煉瓦の塀が見え隠れする。大正時代に鰹節製造で殷賑(いんしん)をきわめ、宮古の中心平良(ひらら)を凌ぐ勢いを誇った時代の名残り。

池間島の人たちは、宮古島の中にあっても独自の文化や風習を持ち、自らを池間民族と呼んで胸を張る。対岸の宮古島狩俣(かりまた)や伊良部島(いらぶじま)佐良浜は、池間民族が移住して建てた村で、今も共通の文化圏となっている。

池間民族は宮古地方を代表する海人で、南西諸島全域に移住し漁村を作った糸満(いとまん)海人たちも宮古では影が薄いほど。近海のカツオ漁がふるわなくなると、ボルネオやトラック、ポナペなどの南洋に進出して池間民族の村をつくった。戦後いち早く近海の珊瑚漁を手がけたのも池間海人だった。もちろん宝石の珊瑚で、造礁サンゴではない。

時計回りに島を巡ると、点々と小さな砂浜があらわれた。どれもこぢんまりとしてプライベートビーチのよう。北端までいくと、灯台にちかい森の小道からとつぜん数人が湧きだした。それぞれが濡れたマスク・シュノーケル・フィンの三点セットをぶらさげている。みんなニコニコ。挨拶すると、興奮気味の口調で強くすすめられた。

「浜のこんな近くで、こんな海を見ることができるなんて。ぜひ泳いだほうがいい」

それなのに、大半の人が橋を渡っただけで帰っていく。あまり有名にならないほうが、海が荒らされなくていいかもしれないけれど。

　サトウキビ畑の中を歩いていると、南側に大きな池がみえた。ユニムイとよばれる池間湿原で、バードウォッチャーに人気の場所。気のせいか、さえずりが一段とにぎやかになった感じがした。池はもともと礁湖（ラグーン）だったが、大正時代の埋め立てによって海と切りはなされ、今の姿になったという。

今日はお客さん一人

「橋ができて島にくる観光客はふえたけど、泊まる人は変わっていないですよ。みんな宮古島に泊まってクルマで橋を渡りにくるだけ。ダイビングの人は、すこしふえたかしら。今日はお客さん一人だから、どこの部屋でも自由に使っていいですよ〜」

　夕食のとき、民宿の女将（おかみ）にあらためてそういわれた。

「あれっ、あと二人お客さんがいるっていってませんでした？」

「なんかこないみたい。一応夕食の用意はしてあるんだけど。わたしが受けていないので、細かいことはわからないのよね〜。ふふふふっ」

やはり島の宿は、いい。この大らかさがたまらない。食堂に飾られた南洋の仮面の数々は、女将のお祖父さんがあちこちから土産として持ち帰ったもの。元気なころは東南アジア一帯の海のことを、身近な池間島周辺の海とおなじように語っていたという。海人には海があるだけであって、国境などなかったに違いない。

「明日の朝、二階のテラスで海をながめながらコーヒーを飲んだらいいですよ。わたしも、時間があるときはそうしているの。でも海まで一〇〇メートルもないから、護岸までいってきれいな魚を眺めながら飲むほうが、もっとすてき」

真夜中すぎに、二階のテラスに出た。満月にちかい月が、世界中を煌々と照らしていた。海も蒼い鉛のように煌めき、さざめいている。月光にかすみながらも北斗七星と北極星がまたたき、はるかかなたの水平線上には人工の光がたむろしていた。今や宮古一の漁業集落といわれる伊良部島の佐良浜。

風が強くなり弱くなり、吹きわたる。梅雨の中休みのさわやかな夜風。月光にふるえる海を眺めながら、思った。やはり池間島に宿をとってよかった。

下地島(しもじしま)——通り池の伝説って、聞いたことがありますか

異界への通路

四阿(あずまや)の中にすわり、漂うような目で通り池をぼ〜っとみつめる。

いくら眺めつづけても、視線が吸い込まれてゆく不思議な光景だった。

隆起サンゴ礁のトゲトゲしい岩肌に、ポッカリとあいた暗い紺色の瞳。

もともとは石灰岩からなる隆起サンゴ礁の地下に穿(うが)たれた鍾乳洞の天井が崩れ落ち、なおかつ海水が流れ込んでできた池だという。通り池は二つで一対になっていて、海側が直径七五メートル深さ四五メートル、内側は五五メートルに二五メートルとやや小さい。二つの池同士は幅二〇メートルの地下トンネルでつながり、もちろん海水も出入りする。

そんな成り立ちもあって、池周囲の壁はすべて逆擂(す)り鉢状のオーバーハング。岸から水面まで、七、八メートルはありそう。落ちたら自力で登るのは不可能に違いない。しかし、海中から進入することができるので、人気のダイビングスポットになっている。

荒くれた大地の中で、一対の碧眼(へきがん)が呼吸するように干満を繰り返す。怪しげな瞳の中には、大きなネムリブカやマンタ、すばやいイソマグロからカスミチョウチョウウオ、メガネモチノウオまでが、潜む。瞳の中に潜入すれば、サーモクラインという水温差が生じた部分が、虹色に変幻して見えるという。まるで、四次元の万華鏡のような穴々。

通り池にはさまざまな伝説が

じっと見ていると、通り池の中には漆黒の宇宙が潜んでいるように感じられる。宇宙は遍在し、ぼくらもその一部だと思えば、目の前の瞳が精神的な異界への通路だとしてもおかしくない。などと哲学的な想いに耽りはじめたら、ヒョ〜ホーヒョ〜ホーという奇妙な音色がきこえてきた。最初は鳥の鳴き声かと思ったが、なにかが違う。笛の音だろうか。

でも、定まった曲を奏でているようでもない。なにものにも縛られない自然な響き。

人間界と自然界のはざまから湧き出すような音色は、ぼくの背後からゆっくりと近づいてきた。ちらりとふりむくと、縦笛のようなものを口にした男がこちらへ歩いてくる。後ろに女性が数人。年のころははっきりしないが、かなり若そう。

沖縄には三線の弾き語りをしながら観光ガイドをする人はよくいるので、新手の登場か。のんびりとしたハメルンの笛吹き男といった風情。一行はぼくが眺めていた隣の通り池の縁に立ち、肩を寄せ合うようにして熱心に覗きこんでいる。というより、祈りをささげているようにみえた。それでも、二、三分たたずむと、木道をナベ底の方へ歩いていった。タクシーの運転手やツアーガイドにはみえないが、どんな人たちなのか。

また、正面の通り池をぼんやり眺めていると、

「おじゃましましょうね」

と言いながら、オバァが四阿に入ってきた。軽く会釈をすると、尋ねられた。

「通り池の伝説って、聞いたことがありますか」

稀有な光景には摩訶不思議な伝説がつきものだが、通り池も例外ではなかった。

一つは継子(ままこ)伝説。先妻の子を亡き者にしようと考えた継母が、潮干狩りを口実に我が子と

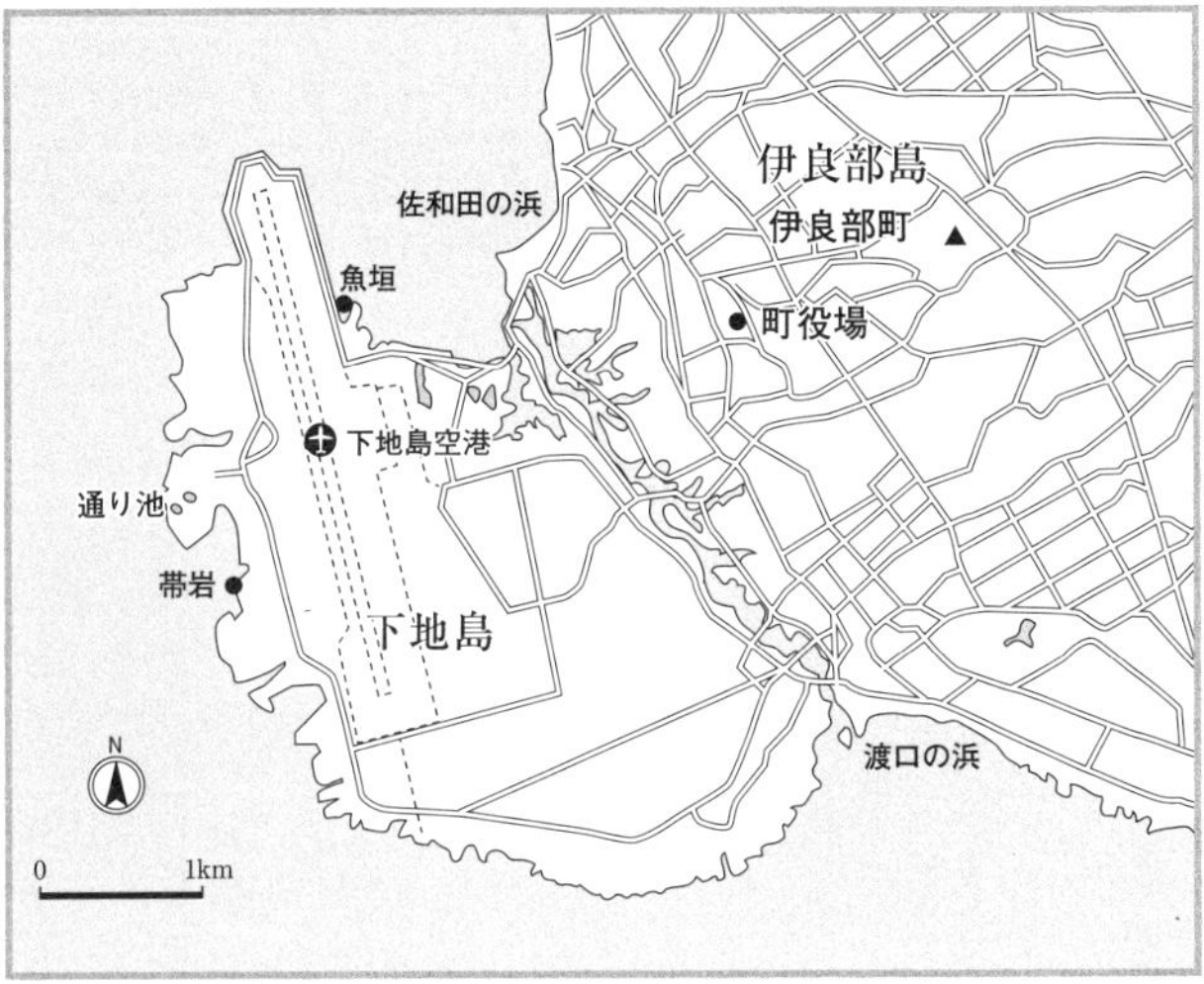

継子を誘い出し、二人を通り池のすぐそばに寝かせた。継子は滑々（すべすべ）して寝心地のいい場所に、一方我が子は池に落ちないようゴツゴツした場所に。ところが、母親が潮干狩りに行っている途中、寝心地が悪いことに気づいた我が子が継子と場所を入れ替わってしまう。それを知らない母親が、誤って我が子を池に突き落として殺してしまったという話。

もう一つは、通り池の近くに住んでいた漁師が体は魚だが頭は人というヨナマタという魚を獲ってきて、珍しいから翌日みんなに見せようと炙っていたところ、沖から「なぜ帰りが遅いのか」とヨナマタに問いかける声。「迎えにきてほしい」と応えると、大津波が来襲して村を破壊し、ヨナマタを連れ去った。

助かったのは、なぜか子どもが伊良部へ行きたいと大泣きしたため避難していた一家だけ。二つの池は、両家の跡だという。

実際、通り池の近くには大津波で打ち上げられた高さ一二・五メートル、周囲六〇メートルもある帯岩と呼ばれる巨岩があり、民間信仰の対象になっている。

一通り伝説の話を聞き終わってこれでおしまいかと思ったら、実は序曲に過ぎなかった。

三つの神様が揃う場所

「この道の先に、ナベ底ってあるのを知ってますか」

「さっき、行ってきたばかりですけど」

「三七年前に、みんなでここまで世を開いた（道をつけたという意味らしい）時に、沖縄の比嘉さんという人が一緒に来ていたんですが、あ〜不思議ね〜、あの白い鳥が止まっているあたりから、突然池に飛び込んだんですよ。そうしたら、津波が来るかと思ったくらい水がみるみる引いたんです。大変なことになったと思っていたら、今度は水がどんどん盛り上がってきて、比嘉さんは片手にハコフグ、片手にはタカラガイを持っていたわけ。みんな神様を祈る時の格好をしていたから、帯を解いて繋いで引き上げたんですよ～」

とんでもない出来事を、突然淡々と話しはじめた。その時、比嘉さんは「銀色の翼が世界とこの島を結ぶ」と、まったく意味不明のことを口にしたという。比嘉さんが口走ったことを全部書き留めておいて、役場の人に話したら「すごく馬鹿にされて、本当に腹が立った」と、四〇年近く前のことを今も怒りがおさまらない口調で語った。

「一〇年くらいたってから、その時の話をもう一度聞きにきたわけ。また馬鹿にされると思ったけれど話したら、喜んで帰っていったのよ～。後になって考えると、ちょうど空港を誘致している時だったはず」

四阿のすぐ脇から、大きなジェット機が轟音とともに飛び立った。下地島には、日本で唯一のパイロット訓練飛行場があり、ジャンボ機でも離着陸できる規模を持つ。

オバァの話は面白いけれど、ナベ底はどうなったのだろうと思っていたら、

「ふつう観光客には教えないんだけど、あそこはすごい場所なんですよ～」

ぼくもふつうの観光客なんだけど。ナベ底まで木道がついていたものの、案内板すらなかった。駐車場の案内図に名前が載っていただけ。さっき見た限りでは、通り池の底が抜けて水がなくなったみすぼらしい穴、といった印象しか受けなかったが、どうすごいのだろう。

「どうして、ナベ底っていうか知ってますか〜」

「えっ、穴をナベに見立てたんじゃないんですか」

「違うの。穴の奥で、ボコボコという音が聞こえたでしょう。え〜、気づかなかったって？

あそこは、鍋で何かを煮ている時のような音がするから、ナベ底っていうんですよ〜」

拍子抜けしてさっさと戻ってきたからか、さっきはそんな音に気づかなかった。

「正面に大きな岩があったでしょう。あれは、風の神様。そして、火の神様もいるの。大岩の前ですよ。そうそう展望台の下だから、降りていかないと見えないけれど。なぜか赤く染まっていて、コンクリートを流したように平らになっているから、行けばわかりますよ。それから、一番下には水の神様。三つの神様が揃っている場所なんて、他にないはずですよ」

そういわれると、風化した鍾乳石が少しついただけのしょぼくれた大穴が、突然並ぶもののない聖地のように感じられてきた。

「それに、サンドウもあるの。そう、産道ですよ。上から見ると小さな穴だけれど、体をうまくひねると通り抜けることができるんですよ。その先には、柱もあって。行ってみたらいいですよ。まだ、みんな向こうにいるはずだから。あの時の比嘉さんの息子さんも来ているから。だから今日は一緒に来たの。浜川から聞いたっていいなさい」

ニイさんも一緒に行きませんか？

すぐそこだ、何はともあれ行ってみよう。木道を歩いていくと、水が滴る水着にTシャツだけ着た女の子が歩いてきた。手には、シュノーケルとマスクまでぶら下げている。木道はこの先行き止まりだったけれど、一体どこから湧いてきたのだろう。訝しみながらナベ底の上まで行って、釈然とした。女の子が二人、ナベ底の奥にある海に通じた水溜りから、ちょうど上がったところだった。神様の中に浸かって泳いでしまうとは恐れ多いが、それが彼らの巡礼の作法らしい。

ナベ底全景。中央左手の岩が風の神

「浜川さんから聞いてきたんですが、あれが風の神ですか」

「ああ、シズさんから聞いたんですか。あの岩が、そうです」

そう思ってみると、穴の手前中央に厳しい大岩がある。

「それから、どこが火の神に当たるんでしょうか」

「この下だから、気をつけて降りてみるといいですよ。そう、産道はあの穴で、潜り抜けられますよ。奥まで入っていけますから」

聖地巡礼の一行と入れ替りに、下へ降りた。木道の先端の真下はえぐれたようになって、周囲の岩だけ赤っぽい。浜川さんは、強い霊気が漂っているといっていたが、幸か不幸かいつものようにぼくにはわからない。産道を胎内へ逆行すると鍾乳石がたくさん見えて、わずかに広くなった場所に鍾乳石と石筍(せきじゅん)が繋がってできた柱があった。よく意味を理解できなかったが、確かこれもなにかの神様だったな。

呼吸するように上下するナベ底の水面近くまで行って、耳を傾けた。すると浜川さんが言う通り、ボゴボゴボゴと湯が沸くようなくぐもった音がする。そう思って聞くと、誰かが海底に大鍋をすえて煮物でも作っているよう。視点を変えただけで、さっきまでつまらないと思っていた場所が、謎がいっぱい詰まった聖地に豹変してしまうから不思議だ。

通り池まで戻ると、一行は池に向かい一心に祈りを捧げていた。

「これから、天の橋立という聖地に行きますが、ニイさんも一緒に行きませんか？ 下地島と伊良部島の間にある海に面したところですよ〜。クルマに、まだ空席もあるから」

迷ったけれど、自転車で来ているからと断った。行ってみたい気持ちも強かったのだが、本当はなんだかぼくが近寄ってはいけない世界に踏み込みそうで、怖かったのだ。

宮古島——ここが宮古島のお臍なんですって

農家民宿に泊まる

「いらっしゃい、いらっしゃい、よくきたね〜、キャーッ、ハッハッハッ」

農家民宿津嘉山荘の看板を掲げる、サトウキビ畑に囲まれた民家の玄関をくぐると、津嘉山千代さんが笑みくずれた顔であらわれ、大きな身ぶりでどうぞどうぞと座敷に招き入れてくれた。

その表情は、一〇年ぶりに溺愛する初孫にでも会ったよう。初めてなのに、たちまち寛ぎ故郷へ帰ってきた気分になる。この雰囲気なら、今晩の夕食も期待できそう。

夕食ができたと声をかけられ食堂に行くと、大きい皿、小鉢、お椀、グラス。彩り鮮やかな料理をのせた器が、出てくるわ出てくるわ。全部で一四品。

定番だというラフテー、生マグロの刺身、島らっきょうとナスの天ぷら、モズク酢、ウミブドウ、紫芋と里芋の練り合わせ、アロエの刺身まである。素材を確認するだけで、腹八分になりそうだった。

一泊二食五二五〇円だったはずだが、こんなに出てきていいのだろうかと思っていたら、

「うーん。いいの、いいの。遠くからきてくれたから。ついつい、いろいろと作りたくなっちゃうの、食べさせたくなるのよね。みんな自家製よ」

小さなグラスに透明で淡い紅色の飲み物が入っていた。ほどよい甘みと酸味でさわやか。とてもおいしいのだが、正体が分からない。

降参して千代さんに尋ねると、「つゆばなのジュース」と呼んでいる創作メニューで、原料は小豆のゆで汁（色）と羅漢果（甘）、原種のシークヮーサー（酸）だと、愉快そうに教えてくれた。

「ラフテーも食べてね〜。脂は完全に抜いて、ちょっとピリ辛に仕あげてあるの。これで、農林水産大臣賞をもらったんですよ〜。何回作ってもなかなか同じようにできなくて、ハハハハ。とってもうまくできた時は、ラフテーが光りだしたのよ。キャハハハハッ」

なんだかかぐや姫の竹みたいだが、千代さんのパワーならきっと可能に違いない。

「ヤギは大丈夫ですか～。それなら、出しましょうね」

ちょうどあったからとヤギの刺身まで並んだ。これがまた牛刺より癖が少ないくらいで、味が深いうえに食べやすい。

「ところで、農家民宿とうたっていますが、どんな体験ができるんですか」

「豆腐作り、追い込み漁、アーサ採り、三線体験、野菜の植えつけとか。野菜は種代だけもらって、収穫は着払いで送ってあげています。最近、体験民宿なんていっているようだけど、うちではお客さんと普通に楽しんでいただけなのにね。民宿は平成六年からはじめたの。この家を建てたのをきっかけに、前に住んでいた隣の家を民宿にしたのよ～。民宿は、本当に楽しい！　お客さんと一緒に、お千代ねえさんと三線&ボーイズというグループを作

ナーベラー（へちま）の皮を剥く千代さん

り、浜辺で演奏も楽しんでいるの。夏はウミボタルと遊びながら泳いだり、冬の夜は浜で温かい鍋をやったり、楽しいですよ〜」

津嘉山荘は、郷土料理の店『おいシーサー』の看板も掲げていて、隣の部屋で食べている人たちは食事をしにきたのだという。どうみても地元の人のような感じ。

「自分のおうちで、地元の食材を使ってこれだけの郷土料理を作るのは大変でしょう。よそからお客さんがきた時うちに連れてきて、自分たちも一緒に郷土料理を楽しむという人も多いの。リゾートホテルに泊まって、食事はうちでというお客さんもいるし」

体にいいものだけ食べよう

来間島（くりまじま）出身の千代さんは、宮古島の高校を卒業後那覇に出て、靴みがきで生計を立てつつ洋裁を勉強。結婚をして三人の子どもを育てながら、ソロバンの先生をしていたが、そんな穏やかな暮らしを癌（がん）が襲った。二度の手術を乗り越えて、幸い今では完治しているが。

「その時から、体にいいものだけ食べようと考えて、徹底した自然食をはじめたの。子どもたちは、お母さんの食事はまずいって、嫌がったけれどね」

朝食。左上は目の前で作ってくれたナーベラーの炒めもの

　三人の幼子をつれた沖縄育ちの息子さん夫婦が、この春に千代さんの篤い要請をいれて津嘉山荘を継ぐべく宮古島へ引っ越してきた。

「息子は、料理に関しては素人なので、一使用人として厳しく指導しています」

　と、千代さんはいうけれど、彼が朝食後に出してくれた黒糖とアロエのオリジナルヨーグルトはさっぱりしていて上々の味。

　たぶん、子どもの頃お母さんに食べさせられつづけた「まずくて薄味の料理」が、味の分かる舌を育んだのだろう。千代さんが席をはずすと、

「客室は襖の間仕切りで、ふつうの民家のようでしょう。部屋を見た時の反応で、キャンセルする人は大体分かりますよ。母はその分料理でと頑張っているんですが、部屋を直そうとは考えていな

いようなんです。でもね〜……。料理も人によって好みがあるし」

「みんなに喜ばれる料理なんてないと思いますよ。少なくとも地元の素材にこだわったこの料理は、ぜひとも続けていってほしいな。ぼくの好みでいえば、全国でも屈指ですよ」

彼もただ単に受け継ぐだけではなく、経営者の視点でいろいろと考えているようだ。母子二人三脚で、どんな新しい展開になるのかとても楽しみ。

ホピの人々が宮古島で探すもの

前向きな生き方を見込まれたのか、千代さんは平良中学校の「心の相談員」もまかされていて、生徒を力づけてくれる手相見のおばさんとして人気者になっているという。

「心を病んだ医師とか牧師で、ここへ癒(いや)しにくる人もいるの。元気を取り戻して帰る人が多いですよ〜。宮古の食と風が心を癒すのねぇ」

「宿をやっているといろんな人と出会うというけれど、津嘉山荘は特別ですね」

「この冬は、九七歳のお爺さんが三カ月以上泊まっていったんですよ。食欲も旺盛でしっかりした方だったけれど、年が年でしょう。無事に帰られた時は、肩の荷が下りたようにホッとしました。息子さんが何回かようすをみにきたんですが、その方も七〇歳以上なの」

「なんだか、不思議な人たちを呼び寄せる力があるな〜」

「そういえば、アメリカのインディアンの人たちも毎年のようにくるんですよ。ホピ族の村長と数人の人たちが、いつも一週間くらい泊まっていくの」

金とモノと欲望ばかりが我がものの顔に振る舞う現代文明に対する警告として有名な『ホピの予言』を伝える、あの一族ではないか。

それが、なんでまた、日本の、宮古島の、津嘉山荘に、なんの用があって、たびたびやってくるというのか。

「なんでも大昔のご先祖さまの予言に、宮古島のことが出てくるそうなんですよ」

「ヨーロッパ人たちが侵入してくる前の話ですよね。そんな昔に、なんで宮古島のことを知っていたんだろう。不思議だな〜。彼らは、どこで津嘉山荘のことを知ったんですか」

「うちのある場所が、ここが宮古島のお臍なんですって。だから、うちにしたみたい」

とんでもないことだと思うのだが、千代さんはごく当たり前の口調。

「で、宮古にきてなにをしているんですか」

「なにかを、探しまわっているみたい。毎朝でかけて、夕方までもどらないから。なにを探

ホピ族の村長と

しているかはわからないけれど、探すものに近づいているようなことは言っていたわね」

「食事は、どうしてますか」

「口に合うみたいなの。肉は駄目だけど、野菜も魚もおいしそうに食べてくれます。肉のかわりに、グルテンを煮たり揚げたりして出してあげると、とても喜んでくれるの」

　徹底した自然食攻勢で癌を克服した千代さんにとって、グルテン料理はお手の物。

「おしゃべりしたりせずに、黙々と食べるの。そして、食べ終わると胃を左にして横になるので、最初はびっくりしたんですよ～。でも、それはあの人たちの習慣なんですって」

「ずいぶんストイックそうだけど、どんな感じの人たちですか」

「とっても礼儀正しくて、食事の時、すわる場所も決まっているし、皆がそろうまでは誰も箸をつけないんですよ。ちゃんと自分用のスプーンとフォークと箸をもっていて。金曜日の夜は、首や手首足首に貝殻のブレスレットをつけ鳥の羽で飾って、一晩中儀式をするの」

千代さんと二人で写っている写真を見ると、村長（むらおさ）は穏やかながら強い意志を秘めた表情。

「贅沢やわがままはまったく言わないし。ホピの生活を映したビデオを見せてもらったんですが、自給自足で宮古が貧しかった時代の生活とそっくりなの。立派過ぎるくらい立派な人たち。あの人たちは、本当の人間です」

千代さんは「本当の人間」という時は、特に語気を強めた。

ところで、ホピの人々が宮古島で探しているものとはなんなのだろう。

あるいは、モノではないのかもしれないが。

祭りと神事

ここで言及する祭りは、神事の意味合いが大きなもの。

日本にも歴史あるすばらしい祭りが数多く残されているけれど、南島に伝えられてきた祭りはより古い時代の記憶が刻まれているように感じられる。大勢の観客の前で演じられる芸能も基本は神様への奉納芸で、人はそれを見せてもらう立場。

五穀豊穣や航海安全に対する感謝やお願いなど、祭りは神様との交流が柱になっているので、タブーも多い。撮影・録音・メモなど一切禁止という祭りもあれば、そもそも関係者以外は見ることすらできないという秘祭も存続している。

だからこそ祭りに緊張感が漲り、見ているだけで精神が高揚してくるのだ。タブーは絶対に犯してはならない。祭りの場では、法律などより優先すると思った方がいい。

改まった禁則がなくとも、旅人はあくまでも見せてもらう立場であることを忘れてはいけない。じっくりと見学したい時は、寸志を包んで責任者に渡すだけでも対応が違う。逆に料理や泡盛を振る舞われたりすれば、それだけでいい思い出になる。

祭り全体を通して写真やビデオを撮りたい時も、責任者に挨拶して注意事項を確認しておけば、トラブルは起きづらい。

大半の祭りは旧暦で行なわれ、新暦では毎年違った日になるので、事前に日時を確認しておかないと見逃すので要注意。

祭りが終わった後、島人がホッとした笑顔で言った。

「この祭りが終わるまでの５日間は、まったく仕事ができなくなるさ。でもよ、神事は島の繁栄のために欠かせないので、きちんとしなくてはいけないのは当然なわけさ〜。島の人は、今でもみんなそう思って参加しているよ〜」

第三章 奄美の島々

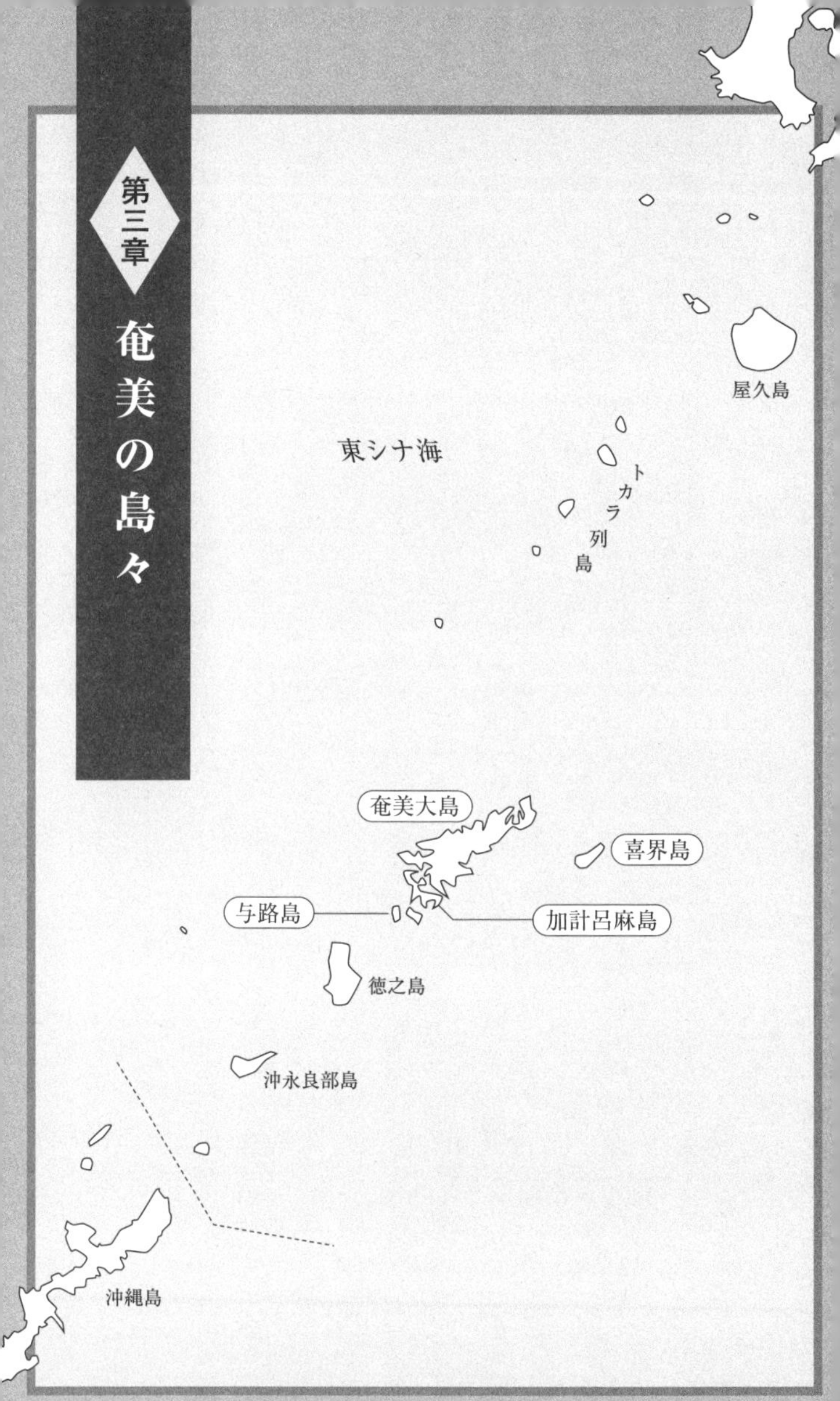

奄美大島（あまみおおしま）——私には、ずっと南への憧れがありました

別の暮らし方もあるんでないかい

「今朝、その枝にきれいなアカショウビンがきていたんですよ」

広田加代子さんが、滴る緑に覆われた庭を指した。アカショウビンといえば、長く尖った真っ赤な嘴（くちばし）に橙色（だいだい）の体をもち、キョロロロロロという澄んだ鳴き声の幻の鳥ではないか。いくら南の島とはいえ、国道五八号線に面した家の庭だ。本当かなという表情をしてしまったのだろう。ご主人の広田盛幸さんが、救いの手をのばした。

「毎朝、小鳥の声で起こされるんです。今日は、なんの小鳥がふざけているのか楽しみですよ。でも、アカショウビンには感激したなぁ」

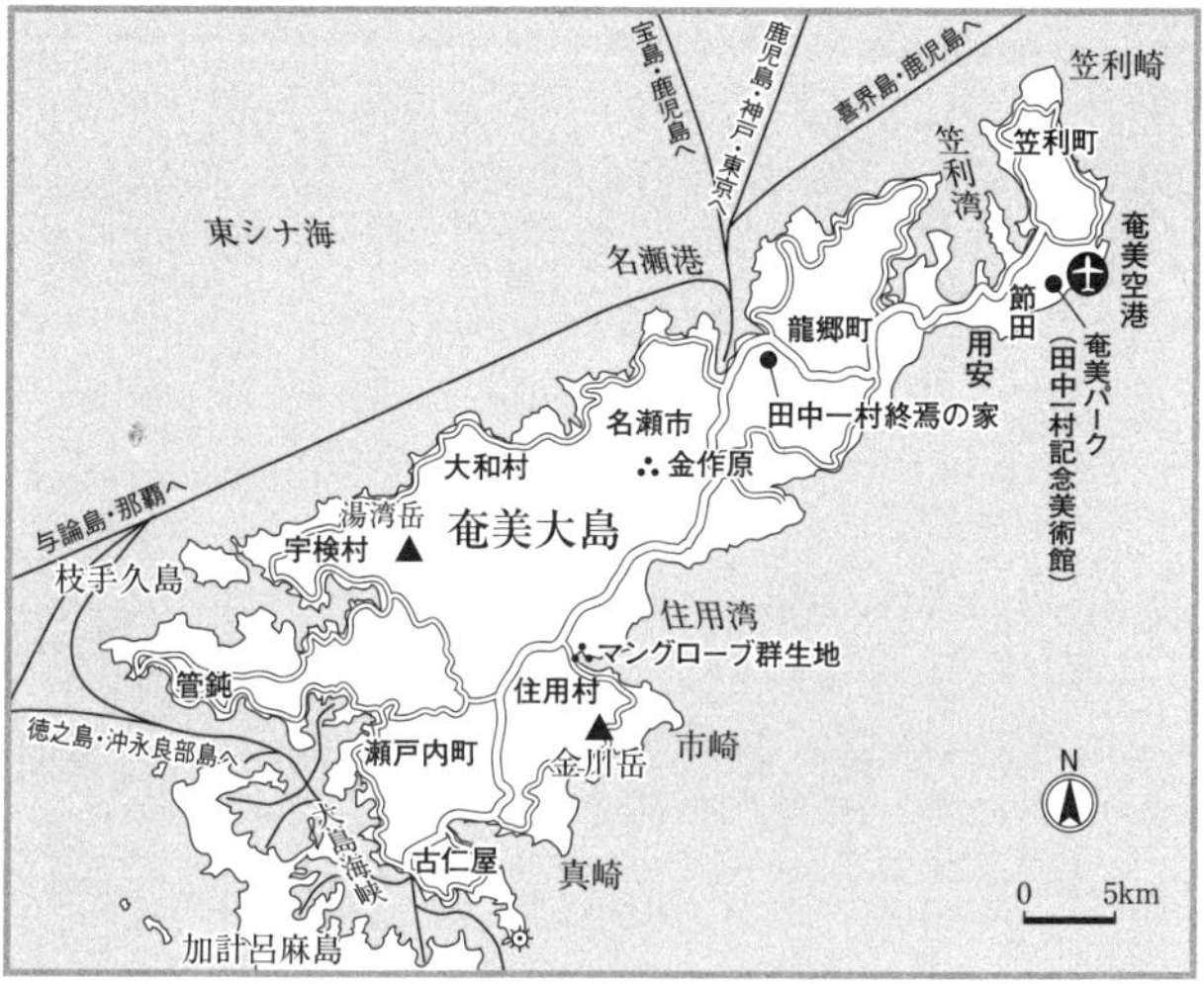

「主人はこちらにきて精神的にずいぶん楽になったようです。そして、前にもまして優しくなりました。私も優しくなったかしらね」

加代子さんが笑って盛幸さんの目をみた。

「私には、ずっと南への憧れがありました。中国の大連から引き揚げて一時佐賀に住んでいたので、暖かい佐賀の記憶がいつも心の中にあったんです。小学校三年の時、北海道に引っ越しました。先生が、カヨちゃんは蝦夷地というところへ行くんだ。雪がすごくて、熊がのそのそ歩いているところへ、って紹介したんです。子ども心に大きな痛手でした。そんな思いをしたせいか、いつかは南の島に住みたいと思っていました。たとえ、一人で行くことになっても。主人は、絶対北海道から出る人ではないと、心の中では確信していましたから」

「ぼくもそう思っていた。この人は、一人でも行ってしまうだろうって」

「私は看護婦をしていたんですが、去年の三月いっぱいで退職しました。主人も九月に退職を控えていて、冬の間ぼーっと雪を見て過ごさなくてはならないのはかわいそうだと思ったんです。移住はともかく、少なくとも主人が退職した冬は、暖かいところで過ごしたかった。以前住んでいた札幌の南区は、雪が多い札幌の中でも豪雪地帯でした。もう雪には飽き飽き。そこで、四月に沖縄方面を歩いて、その冬を過ごすのに良さそうな土地を探しました」

「ぼくは嘱託で六五歳まで働けたので、退職後冬の間半年休んだら復帰するつもりでした」

「でもね、私言ったんですよ。もういいんじゃないのって。別な暮らし方もあるんでないかい。冬でも動けるところを探してみないかいって」

　北海道以外に住んだことのない盛幸さんが、南の島を旅した感想は、

「沖縄本島は、外国みたいで違和感がありました。石垣は沖縄本島よりいいけれど、ピンと来なかった。奄美大島の南部は山がちで森に覆われ、北海道みたいだと思いました」

　古仁屋（こにや）の飲み屋で歓待された二人は、すっかり奄美大島が気に入ってしまう。

「住むなら奄美大島だと思って、九月の初めに再訪しました。最初は、借りるつもりで部屋

を探していたら、売り家が出ていたんです。札幌ではしっかりした家に住んでいたので、私は狭い部屋の間借りは考えていませんでした。それくらいなら札幌にいてもいい」

不動産屋の社長とすっかり気が合った夫妻は、見るだけということで、売り家を訪ねた。

「いい家、すぐに住めそう、と思いました。男なんて家のことなんか見てないよな、嫁さんがいいって言うんだから買ってあげたら、と社長がウンと言いそうもない旦那に勧めてくれたんです。しかし、こちらの予算は二〇〇〇万円なのに売値は二五〇〇万円だったので諦めて、加計呂麻島（かけろまじま）へ泳ぎに行ったら、もう少し値引きできると電話が入って。一〇%の値引きで、まだ予算と開きがあったけれど、巡りあわせみたいなものがあるかなと思い、買うことにしました。滞在中に仮契約、九月中には本契約して、一〇月に移住してきたんです」

ばしゃ山村リゾート。広田さんの家はこの浜の近く

一番戸惑ったこと

南島移住の希望を明確にもっていた加代子さんにとって、

一番の障害はこれまで培ってきた人間関係だった。引きとめる人も、いさめる人もいた。

「でも、旦那が言ってくれました。自分も、六〇歳ならまだ気持ちにも体力にも少しはゆとりがあるから行こうと」

「こちらで一番戸惑ったのは、旧暦が生きていること。三月三日を過ぎても雛飾りがあると驚いていたら、旧の三月三日はまだ先だったんです。旧正月だからと言われた時も、最初はなんのことか意味がわからなかった」

移住後、ご主人の職探しについていった加代子さんは、婦長の口をみつけて軽い気持ちで電話した。病院を訪ねて、院長夫妻と会話が弾み、気がつくと就職が決まっていた。

「幸か不幸か、私でないとできない仕事がいっぱいあるんです。看護婦人生の集大成と思って、六五歳まで働くことにしました。その後は、旅三昧ね」

一方ご主人は悠々自適。奄美大島に、一級建築士を必要とするような仕事はないのだ。

「体力的には、まだ働きたいですね。あまり資格にこだわらず、木彫りなどの仕事ができればと思っています。畑で働いていると、老人がよく声をかけてくれますが、姿勢はいいし言葉もはっきりしていて若々しい。元気づけられますよ。辛い思いをしながら雪掻きしていた冬に、こちらではすぐそこで野菜が作れてしまうんですよ」

隣にある家庭菜園は、売主がおまけにつけてくれた四〇坪の土地だった。しかし、盛幸さんはもう少し広いと睨(にら)んでいる。そこには野菜だけでなく、パッションフルーツ、ブルーベリー、高級柑橘類タンカンも植えてあった。盛幸さんは、木彫りではなく畑に入れ込みそうな気配を濃密に漂わせていた。

大金があるよりなにもないほうがいい

「癌の療養のため、うちらはほとんど裸一貫でやってきました」

塚田操さんと宮崎むつ子さんは、楽しそうに顔を見合わせた。

「裸一貫というのは、移住に有利な条件なんですよ。定年退職して大金をもっていると、金でなんとかなると思うから、近所と付き合わなくなってしまう。なにもなければ、近所の人と仲良くするしかないじゃないですか」

そう言って、塚田さんは島人以上に日焼けした人懐こい顔をほころばせた。

「以前は、神奈川県の大和(やまと)市に住んでいました。去年の五月、癌でこの人が徳洲会大和病院に入院したんです。その時に何気なく手にした徳洲会の新聞に、昔テレビで見た加計呂麻の文字がありました」

「一〇年近く前、テレビでやった加計呂麻島の嫁さん探しの番組を覚えていたんだよな」

「いいところよねって、印象に残っていたんです。新聞には、島の徳洲会病院で栄養士を募集していると書いてあって。ちょうど引っ越ししようと考えていたので、これだ！　って連絡しました。私は管理栄養士なんです。そしたら、七月に面接に来てくれって。いい感触でした。ところが、六月二〇日頃になって別の人に決まったからって連絡があったんです」

　さわやかな風が、居間をそっと吹き抜けて心地よい。

「でも、その気になっていたので、二人で七月上旬に三日間だけ奄美大島へ来ました。そして、私の就職が決まれば移住できると思い、その間に仕事と家を決めてしまったんです」

　資格があるからといって、そんなに簡単に職が見つかるものだろうか。

「名瀬（なぜ）のハローワークで管理栄養士の募集をみて電話をしたら、一カ月後に返答するって。でも、前のことがあったんですぐに回答してもらわないと困るといったら、翌朝一番に宿へ電話があって『理事長に会わせるから来てください』。それで決まりました」

　決まった先は、一一月に開く予定の介護老人保健施設アマンデーだった。家探しは、

「役場に相談したら、仕事は決まっても家はなかなかないって言われたけれど、移住の意志

が堅いと分かったら、まちおこし課の里さんが親身になって探してくれました」

笠利町（かさりちょう）には、移住者に対する経済的な支援制度はないが、家探しに役場職員が同行するなど、希望に沿えるよう誠意をもって対応してくれたという。

「ここ節田（せった）は、人気が高いんですよ。雨が少なく温暖で。平地も多いから、農業も漁業も盛んだし。前の人が引っ越したので七月二二日から住めることになって、俺が先に奄美に来たんだよね。節田の人は勤勉だよ。飲べエだけど、とにかくよく働く」

神経質に計画せんほうがいい

ほとんど即断即決で移住してきた二人だが、すぐ村に溶け込めたのだろうか。

「いやー、最初はどうなるかと思ったよ。例えば、ご祝儀の金額など、村の決まり事は知らないし。でも、あまり神経質に計画せんほうがいい。それで失敗する人も多いと思う」

「老健に勤めていると、地元の家族風景がよく見えてきます。働いていて違和感はないですよ。職員の三分の一がＩターン、Ｕターンですから」

「オレさ、整体師、療術師の資格持っているので、こっちへ来たら島のお年寄りを治療してあげられればと思っていたんだけれど、元気な老人が多くて出番がないんだよ」

「私は九月になってから来たんですが、（主人が）この調子でしょう。もうすっかり村に溶け込んでいて、なんの苦労もなかったですよ。よく知らない人から、ありがとうってお礼を言われて戸惑っていたら、主人が魚や海藻をあげているんですね。それで、私にも」

「こっちへ来てから、野菜も魚も買ったことがないよ。米、味噌、醤油があれば、何もいらないね。自分たちの気持ちだけだよ。うちでは、オレが主夫みたいなもんだから。以前は、釣りの雑誌に書いたり、イベントを企画したり。アウトドアアドバイザーってところかな」

「私とは山が縁で知り合ったんです」

「一番金がかかるのは、ガソリン代かな。意外だったのは、奄美大島がバリバリのクルマ社会だったこと。名瀬までよくバイクで行くんだけど、排気ガスが辛いんだよ」

防災無線が大声でがなり出した。

「婦人会からの連絡です。本日午後一時三〇分から、ゴキブリ団子を作ります」

モズクの水揚げを手伝いにいく塚田さんと一緒に、サンゴ礁の浜に下りた。昨日から収穫が始まったばかりのモズクを満載した小船が、波打ち際にとまった。「俺さモズク始めて三〇年になるんだよ」という雰囲気の漂う塚田さんは、靴のままザブザブと海に入った。

与路島（よろしま）――わしらのご先祖さまが一生懸命植えたものなんだ

奄美随一のサンゴの石垣

国内における秘境中の秘境は、トカラ列島ではないか。

はじめてトカラへ足をふみ入れたころから、ずっとそう思っていた。

トカラは今も大好きだけれど、最近ややブランド秘境化してきたかなと感じはじめたころ、やっと与路島に渡る機会をえた。鹿児島からトカラ最南端の宝島まで船で約一三時間かかることを思えば、奄美大島南部の主邑（しゅゆう）古仁屋から与路島までは、請島（うけじま）を経由してわずか一時間二〇分たらず。けっして遠い距離とはいえない。

しかし、与路島の桟橋にすわって湾口を塞ぐようなハンミャ島の白く輝く吹きあげの浜を

眺ながらつらつら考える（本当はボケーッと）と、やんわりここはもっと秘境かもしれないと思えてきた。東京からも大阪からも、奄美大島は遠い。それは両都市から毎日たった一便しかないという飛行機の便数に、如実にあらわれている。そして、奄美大島空港から古仁屋まで、定期バスで二時間半以上。そこから、さらに加計呂麻島の陰に隠れた与路島へ。船が一日一便あるのが、ありがたいくらい。

だいたい、ヨロというとヨロンと混同する人が多い。沖縄が本土復帰を果たしてから奄美はすっかり存在感がうすくなった。トカラのように強烈に秘境性を主張するわけでもなく、ただただ恬(てん)として輝く海に浮かびひたすら美しいだけで、時間がとまったまま秘境にすらなりきれない島。そんな想いをめぐらすと、はじめて足跡を印した島が妙にいとおしい。

与路島で強烈だったのは、テーブルサンゴを積み重ねた黒っぽい石垣とそのあいだをぬう真っ白な砂地の小道。他の集落でもみることができるが、与路島のように長々とつらなり集落いたるところに残っているのはみたことがなかった。高さもじゅうぶんで石垣だけ取りあげれば、竹富島より上等。まさに、サンゴ石垣の島。隙間たっぷりの石垣にはハブが隠れたりしてつごうの悪いことも多いが、なによりも集落の景観がくすぐったくなるほど美しい。

片端が赤くぬってある二メートルほどの棒が、一本や二本はかならず目に入るくらいの間隔で石垣にたてかけてある。ハブ棒。猛毒をもつハブをみかけたら、これでビシビシたたいて牽制する。つかまえるか殺すかできれば、一人前。与路だけではなく奄美群島のハブのいる島ではありふれた風景だが、はじめて知ったときは今にも目の前の石垣からハブが這い出してきそうに感じられ、ギョッとした。

奄美随一の石垣

最初の渡島は一〇年前だったが、ほとんど泊まりにいっただけ。奄美随一という石垣のみごとさとハンミャ島の輝きばかりが、脳裏にやきついた。思いを残してきた島へ、もう一度ゆっくりいってみたい。そう念じつづけて、昨年（二〇〇四年）やっと再訪することができた。

オジィの耕運機で見知らぬ世界へ——

太陽をいっぱいに浴びて輝いているハンミャ島を桟橋で眺めていると、民宿『徳永』のオジィが耕運機にのってガタタタゴトトトとむかえにきてくれた。進行方向に背をむけ荷台にすわってゆられながら、後ろへ吸い込まれる風景を眺めていると、どこか見知らぬ世界へいざなわれるような不思議な感覚に陥る。ありがたいことにサンゴの石垣は健在だった。しかし、どこか違う。集落内の細い道に入っても、ゆれが変わらないのだ。

やわらかく温かみのあった白砂の道は、悲しいことに無慈悲なコンクリート舗装の道に生まれ変わっていた。二、三年前に、舗装されてしまったらしい。

「砂が敷いてあったから水はけもよかったし、とくに困ったことはなかったけれど、いつの間にか工事がはじまって道がよくなったな〜」

オジィは、まるで他人事のように語った。下水工事かなにかにともなって、舗装されたようだ。都会並みの便利な生活を送るためにはしかたないことかもしれないが、本当にここの島人たちがのぞんでいることなのだろうか。どうしても疑念がよぎる。それでもあらためて自分の足で歩くと、与路の石垣の小道は心の襞（ひだ）までほぐしてくれる気持ちよさだった。

立派な土俵があるぞ、神事用の建物アシャギもある、新しい民宿ができたんだ、ここは舗装されていないぞ、ながめのいい墓地だな、かわいらしい消防車じゃないか。集落の石垣道をまよいながらぐるぐるぐるふらふらと歩く。しばらく迷宮散策を堪能してから、与路小中学校の脇をぬけて坂をこえ、西側の浜にくだった。

はるかかなたの水平線に、トカラ列島最南端の横当島（よこあてじま）が頭を覗かせていたのには驚かされた。小さな突堤のある砂浜がひろがり、途中にはバナナが植えられ畑では野菜もつくられている。昔は人が住んでいた気配もある。ソテツで有名な与路島だが、浜の北側の大瀬ノ鼻周辺は、純林にちかいほどソテツがびっしりと密生していた。戻り道、ささやかな峠をこえると集落が一望された。広い。今は耕作が放棄され草ぼうぼうだが、以前はすばらしい田んぼが一面占領していたのだろう。

夕食の時、オジィにそんな感想をもらしたら、なにを当然のことをいうか、という顔。

「瀬戸内町で一番ひろい水田があったのは、与路島だったんだ。そのころは、三五〇名くらいおったさ。今？　七〇名くらいかね。学校に、小中学校あわせて一〇名ほどよ」

「それにしても、与路島にはたくさんソテツがはえていますね。ジャングルみたいに」

「はえているんではないさ。昔、わしらのご先祖さまが一生懸命植えたものなんだ」

食料不足の時も飢える人はいなかった

江戸時代、奄美を支配していた鹿児島島津藩の搾取は徹底したものだった。奄美群島は極めて商品価値が高かった砂糖を生産する装置であり、島人はその歯車。耕作に適したすべての土地にサトウキビを植えさせられ、不適の平地や狭い土地では露命をつなぐための芋をそだて、芋もつくれない急斜面の窪地などにソテツを植えたのだ。その丹精したソテツのおかげで、敗戦後の食糧不足の時も与路島では飢える人はいなかったという。

「ソテツは毒があるってきいてますけど、どうやって食べられるようにしたんですか」

オバァの話によると、ナリ（朱色の実）と黒い幹の両方から食用の澱粉がとれるらしい。ナリは朱色の皮の下にクリーム色の大きな種があり、割るといかにも澱粉だけといった白い塊がひそんでいるので、なんとなく想像できる。しかし、幹からどうやって抽出するのか。

「ソテツの幹をソフトボールくらいの大きさに刻んで、小屋の中に積みあげて藁で覆っておくと発酵してぐじゃぐじゃになって。それを臼でついて水にさらして、下に沈む澱粉を集め、餅のように丸めて乾燥してとっておくんです。つくるのは寒い時期、二月ごろが多かったですね〜。いつまでも、保存はできますよ〜。呼び名？　与路では、ベッラっていっているけれど。実からつくる澱粉は、ナリ」

発酵させてさらに有毒成分を水で流し澱粉をとる、ということらしい。ベラとブラの中間の発音のようにもおもえたが、オバァと復唱するぼくの発音は微妙にずれている。そういえば、日本の古語が残っている奄美方言の中でも、与路語はとくに古い時代の面影を伝えているときいたことがある。本土方言にはない発音らしい。

そこに、平成七年産というナリがあらわれた。小麦粉よりキメが細かそうな白い粉。これなら冷蔵庫に保管しておけば、半永久的にもつという。ベッラはないのかきくと、つぶした饅頭ほどの大きさがある淡い小豆(あずき)色の塊がでてきた。いずれも、オバァが冷蔵庫の中に秘蔵しているもの。ベッラは島人が自家用につくった分をわけてもらったという貴重品。

「どんな味なんです。今でも、けっこうつくっている人がいるんですか」

「おいしいですよ〜。昔は、芋とこれしか食べるものがない時代もあったけれど。うちでは子どもも孫も大好きで、夏休みに遊びにきたとき、よくお粥(かゆ)をつくりますよ」

粥というと、寒いときに体を温める食べ物のように思っていたが、与路島ではベッラやナリの粥は夏バテ対策の食べ物だという。もとより粉だけでは重湯（おもゆ）とか団子しかできないから、芋や麦、米とあわせる。ことこと炊いた主役の粥の中に、水でといだソテツの澱粉をまわし入れかきまぜてできあがり。

冷えたら冷えたでプリンのように固まって、またおいしいらしい。しつこく質問してたら、そんなに興味があるならばと金のように貴重な与路島産のベッラを一塊分けてくれた。もちろん、大切においしいただいてもちかえり、今も家で大切に保存している。

小心者のぼくに、与路のベッラで粥をつくる決断を下せる日がいつかくるのだろうか。

翌朝、目をさましたら薄暗い。曇りかとおもって空をあおぐと、雲はほとんどない。あわてて海岸へくだったところで、与路島水道の海をダイダイ色にそめて、大島からさわやかな朝陽がのぼってきた。一日の幸運が約束されたようで、得をした気分になる。

今日は、戦後自衛隊がハブよけのために藪を火炎放射器で焼き払いながらつけたという一周道路を、ぐるりと歩いてみようか。もしかしたら、昨晩オジィからきいた島の南部にあったマンガン鉱山の跡地を探すことができるかもしれない。でも、ハンミャ島にも渡ってみたい。誰にたのめば、船を出してくれるのか。そんなことを思いつつ、朝陽に照らしだされ陰影のくっきりとした新たな表情の石垣にうっとりしながら、朝食の待つ宿へもどった。

加計呂麻島（かけろまじま）――一度は訪れてみたい島

熱烈なファンをひきつける場所

加計呂麻島ときけば、その名を知っている人は大半が嬉しそうに目をほそめるだろう。いろいろな意味で、一度は訪れてみたい憧れの島だから。

ダイバーは、日本で（いやいや世界で）もっとも美しい海がある島というし、文学愛好家にとっては島尾敏雄が特攻隊長として滞在していた島尾文学発祥の島。民俗学に興味がある人も、古俗が残る島として熱い視線をおくる。映画好きなら寅さんの足跡がいっぱいある島だし、自然食フリークにとってはサトウキビの搾り汁から作られるキビ酢の故郷。などなど、自由自在に表情をかえながら、熱烈なファンをひきつけてやまない。

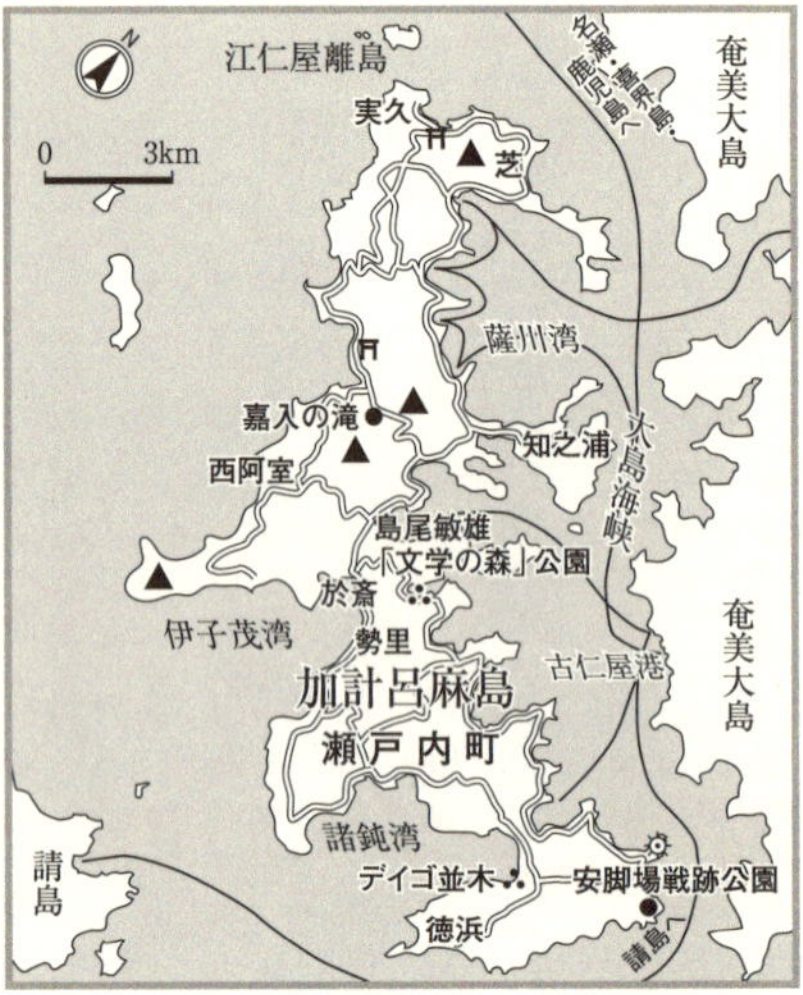

しかし、そんな方面に関心がない人に、魅力を説明するのはけっこうむずかしい。ズバリ島を表現する言葉がみつからない。島の代わりにいうならば、どんな人でもがっかりさせません。ということだけれど……。そこで、島の数値をみてみよう。

加計呂麻島の面積は七七平方キロだが、海岸線は一四八キロと異様に長い。例えば、おなじ奄美の徳之島は二四八平方キロに対して、わずか九〇キロ。加計呂麻島は、それほどいりくんだリアス式の海岸線にかこまれている。

入江が多いからおのずと集落の数もふくらみ、一七〇〇人しかいない島に三〇もの村がある。だから、おどろくべき多様性を秘めているのかもしれない。あっちにいったりこっちにきたりして、加計呂麻島をいくたびも歩くうちに大半の集落には足跡を印していた。しかし、一遍にぐるりとひとめぐりしたことはなかった。

ゆきどまりの集落

昨年、奄美大島南部の瀬戸内町に追いこみ漁の取材にいった時、朝の水揚げ見学後に「今日の波では漁にいけない」といわれ、ぽっかり余裕が生じてしまった。さいわいＪＦ全漁連広報室の小林哲朗さんも一緒だったので、期待しつつ相談した。

どちらにしても、夕方には加計呂麻島の民宿『ゆきむら』で、サンゴ礁の魚を使った郷土料理の取材をしなくてはならない。ならばさっさと島へ渡り、小林さんに運転してもらって、浦々を一挙に巡ってしまおうという魂胆。

ぼくとおなじく道草好きの小林さんは、即断即決でのってきた。

「出漁できない場合も想定して、余裕ある日程をくんだのだから、いきましょう！」

大島の古仁屋からフェリーで対岸の瀬相に渡り、北西へ。海辺の道は俵から山越えになって、つきあたった三浦で左右に分かれる。左へ行けば北西端の実久までつづく道だが、右折して知之浦を目指した。一七〇〇人しかいない島に七路線をはりめぐらせ二九の集落を繋いで奮闘している加計呂麻バスが、唯一やってこないゆきどまりの集落。もちろん定期航路もない。踏み入れるのは、ぼくもはじめて。

海岸に沿って一〇軒ばかりの家があった。防波堤の上に大きな青菜がほされ、崖に漁具がたてかけられたりで、生活の気配は感じられるが、人気のない時がとまったような村だった。静かな入江につきでた栈橋で、しばらく釣り糸をたれることにした。

ぜひとも釣ろうというつもりはない。おもちゃのような竿から、糸をたらすだけ。すぐに色あざやかな小魚がよってきたが、なにかの気配を察したらしく逃げてしまった。

ゆらゆらと水のゆらぎに身をまかせてあらわれたのが、華麗にして優美なミノカサゴ。澄んだ海をゆらめきながら、細かな銀の粒々をねらっている。小さなキビナゴの群れらしい。

すっかり知之浦の時の流れになじんだころ、一艘の小船が湾内に進入し栈橋に接舷した。きけば村人で、自家用船で古仁屋へ買い物に行き、もどったところ。はじめて目にした生の村人だったので、悪いなと思いつつもひきとめてしまう。

「海が穏やかなときは、ふつう自分の船を使うね。そのほうが便利だし」

ただし、海が荒れ気味で小船では危険そうなときには、古仁屋と芝を結ぶ定期船に連絡してよってもらうという。海も陸も公共の足がないのかと思っていたら、やはりひそやかなバックアップはあるのだ。大島南部の主邑古仁屋と加計呂麻島の浦々をつなぐ船便はまさに融通無碍(むげ)。町営の定期船にのりおくれても、なにかしら代替手段がある。

「知之浦には一〇軒あって、すんでいるのは二〇人ばかりかね。もう、学校に通っている子はいないよ。うちでは徳之島の方まで、漁にいっているさ」

ミノカサゴの現地名は、雰囲気をよくつかんだハユウハユウ。

「おいしい魚（白身で上品な味）だけど、ヒレに注意しないと危ないからね」

多くても一日四便の路線バス

しばらく浮世ばなれした時をすごしてから、実久(さねく)を目指した。三浦まで戻り、武名(たけな)、木慈(きじ)と北岸を西へむかう。薩川(さつかわ)から東に入ると芝でいきどまった。かつてカツオ漁で栄えたという村の広場には、ロシア文学者であり『大奄美史』の著者としても著名な、芝が生んだ碩学(せきがく)昇曙夢(のぼりしょむ)の胸像があった。北西端の村実久の名は、鎮西八郎為朝(ちんぜいはちろうためとも)の子である実久三次郎にちなむといわれ、村はずれの神社には三次郎が祀られていた。

実久から山のなかにあるらしい林道を東へ戻るつもりだったが、気づいたらまた薩川を走っていた。山中では錯綜しているらしい。瀬武(せたけ)から南へ越えて阿多地(あたち)へ。清らかな白浜がの

こんな海辺の集落が次々とあらわれた

こり、目の前に無人島の夕離と須子茂離がうかんでいる。

阿多地から山をこえて須子茂へ。なんだまたか〜、と罰当たりな言葉が出てしまいそうなほど、青い幻影のような海また海。途中でとまりながらのんびりしてもいいのに、クルマだとついつい先を急いでしまう。嘉入から西阿室へまた山越え。この道がすごかった。簡単にいってしまえば、実力と暴力をかねそなえたオフロード。

林道の運転はなれているし好きだという小林さんも、表情がかたい。雨で深くなった轍、道の中央で顔を覗かせる小岩、道をえぐりとってながれている細流。クルマは時々ガッガッと腹をする。ふだんは、ほとんどクルマが通らないのではないか。

今きた道をふりかえるともどりたくないし、クルマを回転させるところもない。もう進むしかない。ぼくらは敗戦直前の帝国陸軍のように、黙々と蛇行しつづけた。ドコモの携帯も圏外になっている。なにかあったら、歩いて助けを求めにいくしかないのか。そんな不用な心配まで頭をもたげたころ、やっとカトリック教会のある西阿室にでた。

ぼくももちろんだが、小林さんの顔がホッとくずれる。墓地を覗くと十字架がみえた。クリスチャンの多くすむ村らしい。与路島から船をチャーターして西阿室へ渡ったのは、一〇年前のこと。その時の美しい夕陽が思いだされる。

警戒していたけれど西阿室から花富へ越える道は、問題なく通行できた。いいかげん飽きてきそうなものだが、ヒスイ色と水色と青と群青が玄妙にまじわる海がみえてくるたびに、嘆息がもれる。ため息の備蓄がなくなり、肺が真空になってしまいそう。

移動販売車の商品の品定めをする

伊子茂（いこも）をぬけ、海岸にみごとな大ガジュマルと寅さんの撮影記念碑がある於斉（おさい）を通過して、加計呂麻島で一番小さい集落勢里（せり）へ。民宿『ゆきむら』に挨拶をしておこうと考えて宿の前にさしかかると、ちょうど小型の移動販売車がとまって商品を広げているところだった。食料品が中心で、ちょっとしたものを買うには重宝しているという。

バス会社が、老いた島人のためにふんばって運行しているとはいえ、便数の多い路線でも一日四便。島内ではいくら走りまわっても移動販売車より品揃えが豊富な店はみあたらない。満足いくまで買い物をしようとおもったら、船で古仁屋にでるしかない。島でとれる野菜や魚をお互いにつごうしあっている人たちにとって、日常の買い物は販売車でことたりる。勢里の南東にある佐知克（さちゆき）には小さな製糖工場があって、サトウキビの搾り汁を煮つめている最中だった。味見をさせてもらうと、すなおでうまい。

さらに東へ。秋徳（あきとく）、野見山（のみやま）、初夏になると海岸を深紅にそめあげるデイゴ並木と重要無形民俗文化財の芸能諸鈍（しょどん）シバヤでしられた諸鈍を通過して、南東端の徳浜に到着。ここもはじめての村。防波堤も消波ブロックもなく、陽光が燦々とふりそそぐすがすがしい浜が白々とさびしい。ただ茫々と広がる砂と海が、最果てにきたことを実感させてくれた。

美しい神話の世界――島尾ミホ『海辺の生と死』

ついに島の東端安脚場（あんきゃば）にたどりついた。大島海峡をにらむ要衝の地で、海軍の基地があった場所。その跡が、戦跡公園になっている。これで、加計呂麻島はほぼ制覇。公園には、無表情なコンクリートの弾薬庫や宿舎、防備衛所、砲台跡などがのこっていた。敵の来襲を監視する場所だから、眺めは抜群。ぬけるような空と澄みわたるサンゴ礁のはざまにのびる水平線をみつめながら、死に怯える兵士たちはなにを思っていたのだろう。

　対岸に大島がせまる渡連の海をながめ、フェリーの発着する生間は通りすぎ、勝能、押角（島尾敏雄夫人ミホさんが生まれた村）とめぐり、呑之浦にある島尾敏雄「文学の森」公園に到着。ここにもまた戦争の爪痕が刻まれていた。

　入江にそった遊歩道を歩いていくと、右手の崖にぽつんぽつんとトンネルが掘られている。海軍唯一の水上特攻兵器として開発された「震洋」の格納壕。一カ所だけ特攻艇が納められていたが、島尾敏雄原作の映画『死の棘』の撮影に使われたレプリカだという。小型漁船くらいの大きさがあり、実物はベニヤ板製で二五〇キロの爆薬をつみ、五〇キロの猛スピードで敵艦船に体あたりして自爆するよう設計されていた。

　結局出撃命令がくだされる前に敗戦となり、島尾敏雄は作家として生まれ

水上特攻兵器「震洋」

安脚場戦跡公園に残る軍の施設

かわる。当時の状況を描いた『出発は遂に訪れず』は緊張感につつまれた秀作だが、夫人の島尾ミホさんがつづった私小説『海辺の生と死』は、まるで美しい神話の世界を垣間みるよう。この本が絶版のままになっているのは、惜しまれてならない。この一冊を読めば、きっと加計呂麻島へいってみたくなるに違いないから。

そこから宿のある勢里まで、一〇分ほど。人口が一〇人ちょっとの小さな村の浜辺で、今日一日のグランドツアーを思い出しながら、くれなずむ海と空をしみじみとながめる。

はじめて加計呂麻島に渡ってから三〇年になるが、その間ぽつぽつと訪ねてきた村ばかりか未踏の地まで、一日たらずですべて踏破してしまった。クルマと小林さんのおかげ。でも、嬉しさとなかばして虚しくもあった。

ぼくはやはり、思いだしたようにしかやってこない加計呂麻バスと徒歩で感じる加計呂麻島が好きらしい。

喜界島（きかいじま）——喜界が一番いいっていってくれる人が多かった

人気を独占していた奄美群島

「あなたみたいな人は、はじめてですよ。喜界に二度目なんて」

そういわれて、こちらの方がびっくり仰天してしまった。喜界島に一度くる人はいても、二度くる人はまずいないというのである。南端の荒木集落にある郵便局を訪ねて、局長の光岡さんと雑談をしていたときのことだ。いつもながら気まぐれに消印をもらおうと立ちよったら、それをきっかけに話がはじまった。

「昔は人気があったんですけどね、喜界は。（かつて喜界に寄港していた）関西汽船の船員たちも喜界が一番いいっていってくれる人が多かったのに。沖縄の本土復帰後しばらくは、まだよかった。今ほど沖縄人気は高くなかったので、奄美にも観光客がけっこうきていた」

昭和四七年五月の沖縄の本土復帰までは、奄美群島が日本最南端（厳密には小笠原）の観光地として人気を独占していたのだ。奄美南端の与論島など、夏は大きなリュックを背負ったカニ族の学生たちであふれかえっていた、古きよき時代。

三月の製糖期だったので、そのうち黒糖に話題がおよんだ。宿のある湾からここまでの道ぞいでも、何軒かのサタヤドリ（家内製糖工場）をみかけていた。地域づくりに熱心にとりくんでいるらしい光岡さんは、荒木のことを熱く語る。

「荒木は喜界島の中でも、とくに砂糖づくりがさかんな村です。ここは砂地だから、サトウキビの栽培にむいていて、とても質のよいキビができるんですよ。う～ん、さいきん一時よりはさかんになってきたかな。二〇代の息子がもどってきて、両親と一緒に砂糖作りをしているうちもあるし。でも、そんないい商売ではないですよ。キビのまま製糖会社に売ったほうが楽なんです。キビ一トンからできる黒糖の値段は、キビ一トンの値段の一・五倍くらいにしかならないから。そんなもんですよ」

とくに質のいい黒糖をつくっているサタヤドリをきいたら、困った顔をした。

「狭い村のなかで、どこがいいとか悪いとかいえないでしょう。それに好みもあるし」

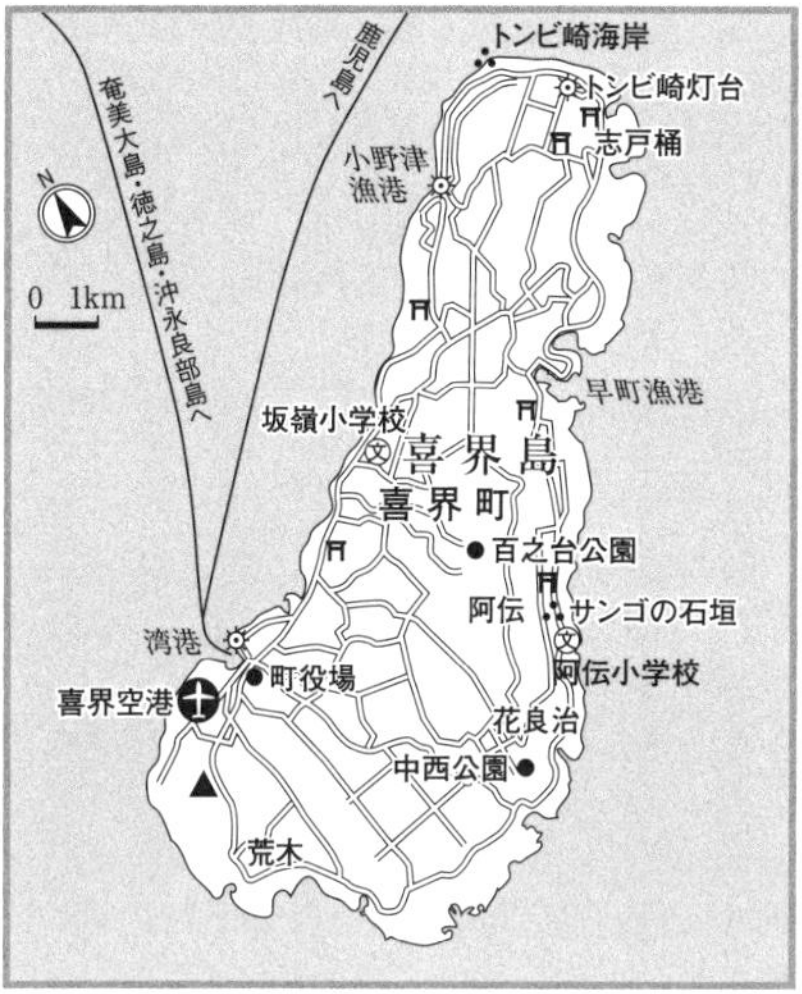

といいながらも、一軒の名前をあげてくれた。

「もっとおいしい黒糖を作る家もあるかもしれないけれど、そこの味が一番安定しているんですよ。味にバラツキが大きすぎると、人さまに送ってあげるにもまずいでしょう」

ぼくも、対岸の奄美大島で砂糖作りの名人から、一番難しいのはほどほど質のいいものをいかに安定して作るかだときいたことがある。

おなじ畑のサトウキビでさえ、収穫の時期や場所（狭い畑の中なのに）で糖度や風味が異なるので、それをうまく調合していかに均質の味にするか、それが腕のみせどころだという。

「今は黒砂糖の旬ですよ。ほんとうにいい風味を楽しめるのは、できてからせいぜい三週間かな。冷凍したり冷蔵しておけば風味はたもたれますが、冷蔵庫からだすとすぐにベトベトになりやすくなってしまうんですよ」

グラニュー糖のようなサラサラした白い砂

糖はまるで鉱物のようで、旬があったり生きていたりするようにはみえないが、本来砂糖はかなり繊細な食品らしい。黒糖人気に生産がおいつかず、一部でザラメをまぜてさっぱり系の黒糖を作っているという噂があるが、と確認したところ、

「う〜ん、この味はとおもうことがないではないが、現場をみているわけではないし。もともと作り方で、ほんとうに大きく味が違ってしまうから……」

残っていた奉安殿

サイクリングの最初に立ちよった「歴史民俗資料室」でもらった文化財マップに、気になる物件がのっていたので、荒木から一路阿伝へ向かった。海にちかい道なのだが海岸ぞいではないので、目に入るのはもっぱらサトウキビ畑ばかり。穂をつけて刈りとられるのを待つものもあれば、きれいに耕され畝と畝のあいだに短くきったキビが苗として挿されている畑もある。稲刈りをする脇で田植えをしている、東南アジアの農村のよう。

手久津久、上嘉鉄、花良治と、たたずまいのよい村々をぬけて走る。阿伝小学校はすぐにわかった。町の文化財に指定されている奉安殿は、芝生の校庭を一望する場所にたっていた。

ちょっと洋風で、人造石を使ったような感じ。当時は、垢ぬけていたのだろう。電話ボックスをふたまわりほど大きくしたくらい。入口にはアルミの戸がつけられ、そのうえにあったであろう菊の紋章は、けずりとられていた。

北海道の山奥にあった廃鉱跡の廃校で、はじめて本物をみたときには、やはりこんな場所にしか残っていないんだと感動した。歴史資料や小説のなかでだけ、単語を目にしてきた幻の奉安殿。帰ってきてから自慢げに話したのだが、みんな驚いてくれない。一〇歳くらい年上の友人たちですら、奉安殿という単語を知らない人が大半だった。

坂嶺小学校に残る奉安殿

広辞苑には、「御真影・教育勅語謄本などを奉安するために学校の敷地内に作られた施設。一九二〇年代後半から三〇年代にかけて普及」とある。このばあいの御真影とは、神であった天皇皇后の写真のこと。皇民化教育の象徴的存在で、火事のときに命がけで御真影を守った校長が礼賛され、逆に空襲から御真影を守れなかった校長が責任をとって自殺したり。

戦争に負けたとたん教科書が墨でぬりつぶされたように、奉安殿は民主化の敵としてとりこわされた。ところが、なぜか奄美には点々と残っている。阿伝小の案内板にはこうあった。

――（略）現在は本校と坂嶺小に残っているだけである。戦争遂行に教育勅語がどのような働きをしたか後世に語り継ぐために保存するものである。

阿伝は、サンゴ石垣の美しい村でもあった。県道に面した石垣はくずれないように上部をコンクリートで固められていて痛々しかったが、集落の細い道に入っていくとざっくりと積まれた石垣がすみずみまでめぐらされ、地に吸い込まれるように肩の力がぬけていく。奉安殿に御真影が祀られていた時代にもどったような、懐かしく透明な空気が漂っていた。

嘉鈍（かどん）で樹齢五〇〇年という巨大ソテツをながめ、志戸桶（しとおけ）では大きなハスノハギリ、キャンプ場のわきでは平家上陸記念之地という石碑をおがむ。北部では県道をはずれ、サンゴ礁の海岸線を走った。

　マップにはなかったが、小野津（おのつ）の海岸ぞいで高さ数メートルにおよぶ城壁のような石垣を発見。北西に面した場所なので、もろにふきつけるであろう冬の季節風対策か。中をのぞくと、家の遺構や井戸のあと、細い芭蕉などが見えた。まるで城塞都市の廃園のよう。けっして美しい景観とはいえないのだが、どこかすみっこに膝をかかえてすわり、うつろう空の色や光をぼんやりと追いかけてみたい気分になる。

小野津から伊実久(いさねく)にかけても、サトウキビ畑が広がっていた。やがて坂嶺小学校があらわれた。ぶっそうな学童襲撃事件がふえ、のどかだった小島の学校も最近は敷居が高くなって、校門のところに学校に用のある人間はその由を。職員室を訪ねて珍しいから奉安殿を見学させてほしいというと、あんなものが珍しいのかと逆に驚かれた。

坂嶺小も規模的には阿伝とおなじようなもの。でも、決定的に違っていたのは十六葉八重菊の紋章が、そのままくっきりと残っていたこと。ただ、よくよくみると一番下の一葉だけ、はじめから欠けていたように感じられる。もしかしたら、わざとなのかもしれない。

けっきょく、あっちの浜で昼寝をし、こっちの木陰でビールを飲み、一日かけて自転車で島を一周。海ぞいの道路はほとんど平坦なので、サイクリングでもまったく苦はない。ただ、標高二〇〇メートルの小高い台地になった景勝地百之台(ひゃくのだい)は、敬遠してしまった。アクのないさわやかで美しい喜界島を、三度訪れるのは何年後になるだろうか。そんなことを考えながら、帰路は船ではなく飛行機にした。わずか一〇分ほどで、奄美大島だった。

南島安宿考

南の島には魅力的なリゾートもたくさんあるが、時間をかけてじっくり島々を巡り歩こうとすれば、1人でも気軽に泊まれる安宿がいい。経済的な面はもちろんのことながら、1人旅同士が安宿で交わす会話には、宿やうまい店、知られざる観光スポットなどの穴場情報が、ぎっしり詰まっているからだ。

ぼくは宿の選択肢が多いことは、成熟した大きな観光地の条件の一つと考えているが、この数年沖縄・奄美でも安宿が飛躍的にふえている。相場はドミトリーで1人1500円ほど。個室は、2500～3000円といったところ。週単位、月単位で、安い値段を打ち出している宿も多い。長期滞在するなら、ふつうの民宿でも相談に乗ってくれることもある。

情報源としてとりあえず手元に置きたいのが、『沖縄・離島情報』。大きな書店の沖縄コーナーには、まずあると思っていい。創刊以来判型は変わっていないが、情報量は格段にふえた。一軒当たりの情報は少ないが、手がかりとして貴重だ。最近小さな離島の宿がけっこう洩れているのが気にかかるが……。

インターネット上でも、安宿を紹介するサイトがふえたので参考になるが、あくまで最終判断は自分ですること。

奄美大島とその周辺ならば、観光ネットワーク奄美で発行し無料配布している『奄美大島探検図』が役に立つ。

旅立ってからは、港や港周辺の切符売り場にあるパンフレット置き場は要チェック。そして、安宿での口コミ情報。

那覇のような大きな町なら、ウィークリー・マンスリーのマンションを探すのも一つの手。時間に余裕のある移住希望者には、住むことを前提にした長期滞在の試行を勧めたい。

第四章 八重山の島々

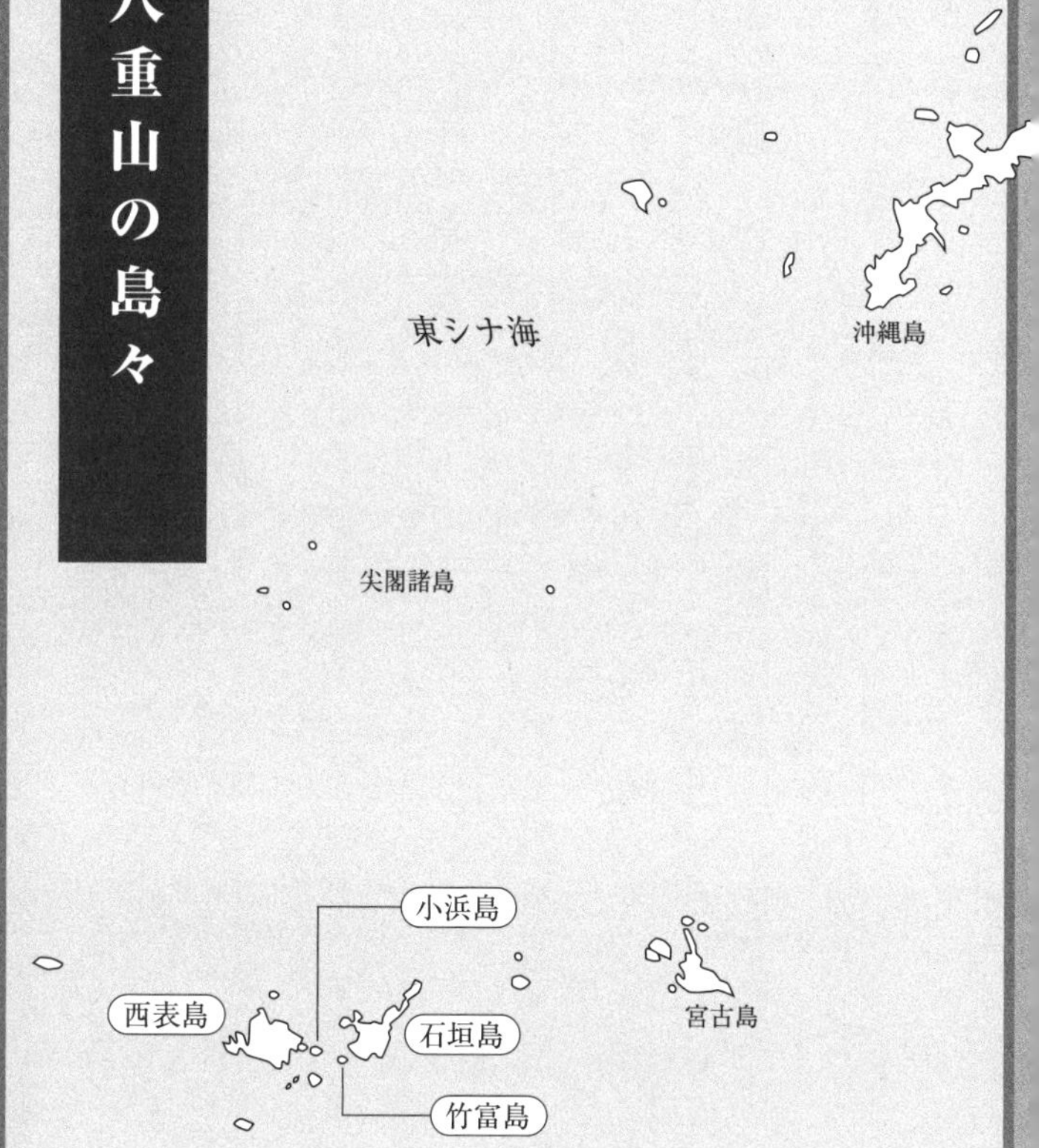

竹富島（たけとみじま）——素足ツアーは、一人でも催行するつもりです

イメージに応える観光地

竹富島は、わかりやすい観光地だ。

雑誌でみる写真やポスターのイメージを期待していくと、そのとおりに応えてくれる。赤瓦の屋根ととぼけた顔のシーサー、風通しのよさそうな木造家屋、黒っぽい石垣、まぶしいばかりの白砂の小道、色とりどりの花々、緑濃い屋敷林、のどかに歩む水牛車、青い空と降りそそぐ太陽、そしてどこまでも透明に煌めく南風瑠璃色（はえるりいろ）の海。

竹富島のイメージを構成する要素は、かけ足観光でも網羅することができてしまう。島を訪れる人の九割が日帰りだという。西表島など他の島と組みあわせたパックツアーでやって

くる場合の平均滞在時間は、二時間ほど。その間に、水牛車観光、観光バス、グラスボートと三メニューをこなすツアーも多いらしい。これだけわかりやすく組みたてられるというのは、それだけ奥が深く観光資源も豊かということ。底の浅い観光地なら、必死になって観光客に媚（こび）を売らなくてはならないが、竹富島は悠然としたものだ。

赤瓦の民家、石垣、屋敷林は竹富島の基本

　重要伝統的建造物群保存地区に指定されている町並みも、観光のために整備したわけではない。これまで培ってきた自分たちの文化や伝統を守るためには、今住んでいる集落の環境を整えることが大切だとして、観光的に注目される前から独自に取りくんできた成果。ぼくたちよそ者は、そのお裾わけをしてもらって楽しんでいるだけ。だから、入島料をとられる（ぼくは払ってもいいと思っているが）わけでもない。

　観光客がかけめぐる昼も嫌いではないが、生活の場としての表情がふうわりと浮きぼりになる竹富島の夜と朝が好きだ。見方によっては、本来の静けさを取りもどした朝夕の「時」も、魅力的資源といえるだろう。石垣市内に泊まらなくてはならない時、ぼくはほとんど竹富に宿をとる。高速船でわずか一〇分の島で、しっとりとした夜をすごしたいから。

忙しくて、年なんかとっている暇はないさ～

今年の二月、ちょうど大晦日に竹富島で泊まる巡りあわせになった。行事や漁などいまだに太陰暦が生きている八重山だから、旧暦の大晦日や元旦になにかあるのではと思っていたのだが、宿の主人に尋ねたら「今はみんな新暦よ～」とあっさりいわれてしまった。特別な神事を執り行なうのは、神司など一部の人だけだという。

パリッとした青空が広がった今日は、二月とは思えない暖かさだった。冬まっさかりだというのに、夕風が心地よい。黄昏（たそがれ）が近づいてきたので、西桟橋へ夕陽を見にいくことにした。島の最高所である「なごみの塔」にのぼって、暮れゆく町並みを眺めていると妙に懐かしい。どこからともなく、煙の匂いが漂ってくるからだろうか。

海に突き出した桟橋の上に、人々が点々としている。けっこう宿泊客がいるらしい。一方、島人らしき姿も多い。夕陽は西表に沈む前に雲にかくれたが、刻々と表情を変えてゆくサン

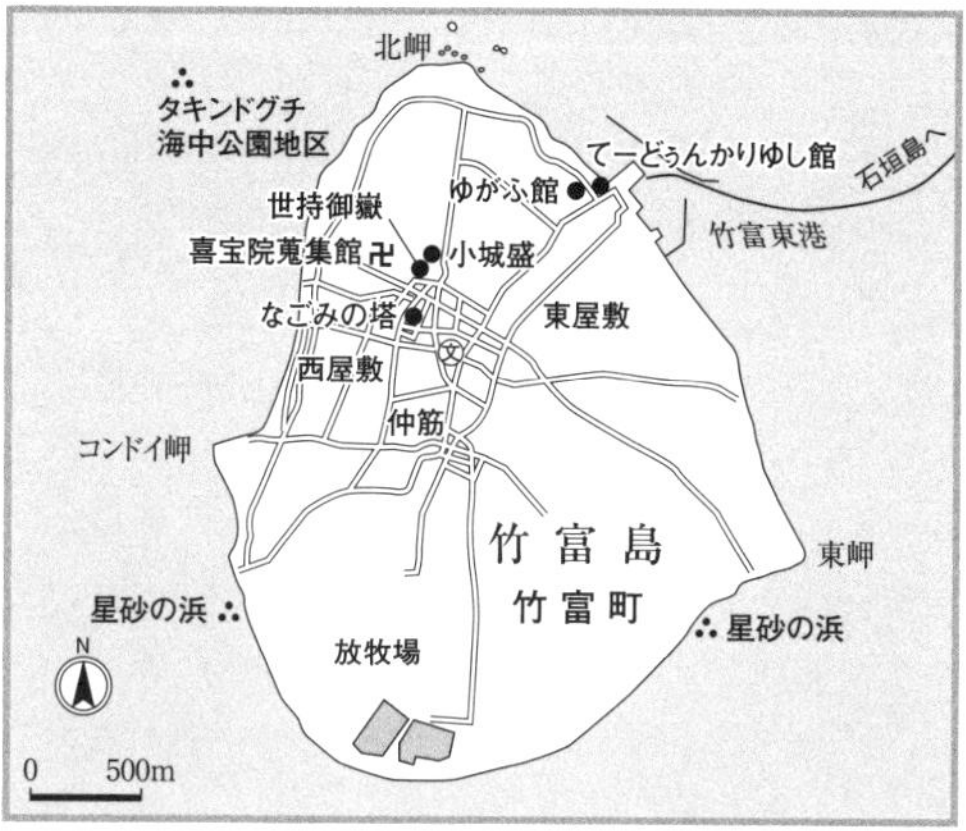

ゴ礁の海と島を眺めただけで十分だった。みんな、昼と夜のあわいの時刻をここですごしたいというのが真意ではないか。立ち去る人々の表情は、それぞれに満足そう。

夕食後、宿の主人がみなを誘ってくれて宴会になった。珍しく客が一〇人ばかりいたので、声をかけてくれたのだ。テーブルの真ん中に八重山の泡盛『請福』がドンとおかれ、手書きの歌詞カードが壁にかかげられた。主人が三線をかき鳴らして、竹富島の「安里屋（あさどや）ユンタ」を歌いあげる。大半が今日ここではじめて会った同士だが、三曲目に入るともう垣根はなくなって大合唱になっていた。昼間かけぬけた人たちにも、参加させてあげたいひと時。

宴会が果ててから、夜の村を散歩することにした。外にでると風が湿っぽい。雲のあいまからキラリキラリと星がみえている。今日は大晦日だから、月はない。満天の星を期待していたのだが、雲がでてきたらしい。懐中電灯を使おうか迷ったが、やめた。今晩はせっかくの大晦日だから、竹富島の闇を味わいながらぶらつくことにしよう。

ぽつんぽつんとナトリウム灯がともっているので、歩くには困らない。なんの花だろう。宿をでてすぐに、強い香りにつつまれた。敷きつめてある砂をふむ、ザッザッという自分の足音がやけに大きい。三線の調べにのって、「てぃんさぐぬ花」が流れてきた。沖縄の有名な童歌(わらべうた)。さざめくような笑い声。まだ、宴会がつづいている民宿があるようだ。

一〇時過ぎなのに集会所が明るかった。中では八重山の踊りを練習しているようす。中学生の姿もみえる。翌日島人にきいたら、夜遅くまで集会所を使うのはいつものこととか。

「なにしろ、忙しいわけさ〜。公民館や老人会の活動、ゲートボール愛好会、ＰＴＡ、農作業。仕事のある人もいるし。昼間はいくらでもやることがあるからよ、みんなで集まるとなると夜しかないわけ。忙しくて忙しくて、年なんかとっている暇はないさ〜」

三五〇人で集落を支えているのだから、オバァやオジィがいうとおりなのだろう。

外灯がなくなり闇が深まってきたが、目がなれると道は歩くには十分なくらいほの白い。道端の草むらにライム色の光があった。錯覚かと思ったが、いちど気づくとあちらでもこちらでも、ふっわ〜ふっわ〜と切なく息づくように点滅している。冬のホタルだった。

すぐそばでホホーホホー。コノハズクがやってきた。ツィーツィー、リュイリュイ、ツーイッツーィッ。負けずにすだく虫の音。そろそろ宿にもどろうと東の空をみたら、巨大なUFOでも着陸し発光しているように明るい。屋敷林のシルエットが、黒々とうかびあがっている。東京などに比べると、いつもは薄暗く感じられる石垣市街の明かりだった。

ガサガサッという大きな音。石垣の上でヤシガニが這っている。二月にヤシガニとは珍しい。宿まで連行して記念撮影をしていたら、バラバラッと音をたてて雨がふりだした。

中級・上級コースの竹富島へ

翌朝七時すぎに起きて、村を歩きまわった。雨はすっかりあがってさわやかな涼気にみちているけれど、寒くはない。夜来の雨でしっとりとうるおった赤瓦の朱が映えてきた。樹々のこずえも、煌めきはじめる。フクギの間から、いま朝陽が昇ろうとしていた。掃(は)き目のついた白砂を、サクサクさせながら歩いた。角の向こう側から、シャ〜ッシャ〜ッとのんびりした音がしてくる。オジィが、ゆっくりゆっくり白い道を掃き清めていた。朝陽の中で、オジィのシルエットが動きつづける。

朝、白い道を清めるオジィ

「おはようございます。いま掃いたばかりのところを、すみませんね〜」
「きれいなところを歩いたほうが、気持ちいいさ〜。そのために、毎朝こうして掃いているんだからよ。かまわんさ〜」

せっかくなので裸足になって歩いてみる。ひんやりしっとりして気持ちいい。さっくりさっくり一歩ずつ踏みしめると、まるで竹富島と会話しているような気分。たまに小石や貝殻があるとチクリとするが、思っていた以上に快適だった。自分ひとりでこの感触を楽しんでいるのはもったいない。ビジターセンターの『ゆがふ館』に提案しなくては。

小道の白砂は海岸からもってきて敷くので、考えてみれば砂浜を歩いているのと同じこと。道だけではなく、屋敷内や御嶽（うたき）など特別な場所にも敷いている。白砂は一種結界の役割をもっていて、敷かれた場所は自然界と区別された空間になる。

他にも、白砂が敷いてあると芽生えたばかりの雑草は竹箒で掃いただけで抜けてしまうし、水はけもいい。さらに白砂は、照明の役割まで果たしていた。庭に射し込む陽光を反射して、台風にそなえ軒を低くしてあるため暗くなりがちな室内を照らしてくれるという。

そして、いつもきれいな道は、観光客のゴミのポイ捨てに対する抑止力にもなっている。昔と変わらぬ素朴な白砂の道一つにも、これだけの知恵が凝集されているのか。あらためて竹富島の底力にふれた気がした。

さっそく『ゆがふ館』を運営している環境管理型NPO法人たきどぅん職員の池ノ上真一さんに、裸足の楽しみを話したら、

「裸足ではないんですけどね、実は四月からこんなツアーをはじめるつもりなんです」

そういって、『たきどぅんプロデュース・素足で感じる竹富島』という一枚のチラシをくれた。乗り物は使わずにじっくりと歩きながら、本当の竹富島にふれるというツアー。

「ビーチサンダルやビロウの葉の扇、お茶菓子など素足グッズを受けとって、ゆがふ館で少し竹富島に関する予備知識をつけてもらいます。それから世持御嶽まで移動して、靴を脱いで素足になりビーチサンダルに履きかえ出発です」

「オジィ、オバァのガイドで砂の道を歩くって書いてますが、どんな話をするのかな」

「民謡、織物、薬草、御嶽、方言、料理など、それぞれ得意分野の話をしてもらうつもりです。話をききながら村を散策し、古民家でお茶をいただいてユンタク（おしゃべり）して、最後は郷土資料館の喜宝院蒐集館で館長の上勢頭芳徳さんから島の歴史や民俗の話を聞かせてもらっておしまい。約一時間ぐらいのツアーを考えています。その後は、レンタサイクルで島巡りをしても水牛車観光に参加しても、どうぞご自由にということです」

観光関係の島人とは接しても、ふつうのオジィ・オバァと話す機会は少ない。

「いったいどんな展開になるんでしょうね。話が脱線して、どんどん面白くなりそうで楽しみだな〜。他にも、なにか考えているんじゃないですか」

「去年の暮れにやった御嶽（おん）ツアーは好評で、あっという間に満員になりました。多くの謂（いわ）れがあるのにあまり顧みられなかった井戸や村落遺跡も重要な資源なので、これからもっと生かしていきたいと思っています。素足ツアーは、一人でも催行するつもりですよ」

水牛車や観光バスが竹富島入門編だとすると、いよいよ中級・上級コースが生まれつつある。四月からはじまった素足ツアーは徐々に参加者がふえ、なかなか好評という。参加者とオジィ・オバァの会話の中から、また新たなツアーも生まれてきそうで楽しみだ。竹富島観光の変貌の経過をみるため、今年中にもう一度行ってみなくては。

竹富島——伝統と文化の島にふさわしい産品

幻の島醤油が販売される？

沖縄や奄美では、島固有のものや島古来のものに「島」を冠して呼ぶことが多い。例えば、苦汁の代わりに海水を使った島豆腐、細長く小粒だけれどきりっとした辛味がある島らっきょう、小さいながらも味が濃厚な島バナナ、島々に伝わる民謡などの島唄、そして地元民を指して島人（しまんちゅ）と呼ぶ。

一方、島の自然によって育まれてきた調味料や香辛料も少なからずある。周辺の澄みきった海水から作るマース（塩）、時にはソテツの澱粉も利用する味噌。島唐辛子を泡盛に浸けたコーレーグースやヒハツモドキ（八重山の島胡椒（こしょう））など。

しかし、身近なはずの醤油はほとんど知られていないのではないか。沖縄や奄美で醸造されたものをひっくるめて島醤油と呼んでも間違いではないが、この場合は独特の製法で作られる八重山の醤油のこと。昔は味噌と同じように多くの家庭で手作りされていたそうだが、今はほとんど消えてしまった。うまく醸すのが難しいうえに、工場生産された醤油のほうがはるかに安いから、現代の風潮として易きに流れるのは仕方ないだろう。

醤油造りがいかに難しいかは、全国各地の地域おこしで味噌や漬物を作っていても、醤油に取り組んでいるグループはほとんどないことからも推察される。かつて、栃木県の古い商家で聞いた話によれば、味噌は自分たちで仕込んだけれど、自家用醤油は毎年やってくる専門の職人に仕込んでもらっていたとか。

すっかり幻と化していた気難しい島醤油が、この四月から販売されると聞いて驚いた。どうやって復活させたのか？

そこには感動的なドラマが秘められているに違いない。都合のいい妄想が、もわもわと広がっていく。しかし、膨らみだした物語の芽は、あっさりと摘み取られた。販売元の人に聞いたところ、

「竹富島に一軒だけ造り続けてきた家があるんですが、今度保健所の許可をとったんです。

そこで造っている島醤油を分けてもらい、専用の瓶に詰めて販売します」

本当の島の味に必要なもの

戦後ほとんど絶えてしまった島醤油造りを連綿と伝えてきたのが、中筋集落に住む狩俣ハツさんと正三郎さんだ。早速、伝統的な製造方法を聞くべく醸造元を訪ねた。

狩俣さん夫妻の話を聞いて、納得した。基本的には自家用なのだが、これまでも永年島醤油の味を懐かしむ人たちに、ほとんど実費見合いで分けてきた。顧客はみんな顔見知りか、彼らに紹介された島出身者。狩俣さんのうちは、竹富島共同体の専属島醤油醸造所だったのだ。町並み保存ならぬ、「島味保存調味料」が島醤油（竹富ではヒタティと呼ぶ）。

「島の民宿は、みんな島醤油を使ってますよ〜。ソーメンちゃんぷる〜の隠し味にしたりよ、煮物の味付けの仕上げに使ったり。島醤油がないと、本当の島の味にはならんさ〜」

竹富島には国の重要無形文化財に指定されている種子取祭（タントゥイ）という素晴らしい奉納芸能が伝えられていて、島出身者の精神的支柱となっていることは有名。一方、島の関係者は誰もが知っている島醤油こそ、島の食生活のアイデンティティーを支えているのかもしれない。

幸い竹富島にリゾートホテルはないから、宿泊客は知らないうちに島醤油の恩恵に与っているることになる。ぼくも宿に戻ってから島醤油を話題にしたら、

「今日の夕食に出した、大根や人参とベーコンの煮物があったでしょう。あれにも使ってるんですよ〜。オバァは、隠し味によく使いますよ」

本土から来て民宿のヘルパーを始めたばかりの女の子に、あっさりと言われてしまった。不思議な旨さだと思ったら、そういうことだったのか。島の台所ではそれほど当たり前の存在で、料理も和洋中を問わず汎用性が高い。にもかかわらず、その存在は秘められていた。

第二の「石垣ラー油」になる可能性

島醤油を作る場所を見せてほしいとお願いしたところ、狩俣さん夫妻が自宅裏にあるコンクリートの立派な工房へ案内してくれた。出荷を待ちながら熟成の時を過ごす島醤油は、建物の片隅に置かれた素焼きの大甕の中で、うたた寝をしているようだった。

「今までは知り合いに頼まれて分けていただけだったが、今度は一般の人にも売るということで、わざわざ保健所の許可も取ったさ」

正三郎さんは、そう言ってちょっと胸を張った。

よく見ると、きちんと蓋をした甕と網のザルがのっているだけの甕がある。

「いつもなら、うりずんの頃に仕込むんだが、今年は販売したいというから、正月開け早々に仕込んだわけさ。足りなくならんようによっ」

口を網で覆っている甕は今年仕込んだ分で、すでに濾過したものなのだが、まだ発酵が続いているため密封しないのだという。

工房と島醤油を熟成させている素焼きの大甕

醤油造りの手順を、ざっと教えてもらった。

材料は、大豆、小麦、塩、水。ここまでは普通だが、八重山ではこれにたっぷりの泡盛を加える。竹富島の島醤油がさらに個性的なのは、鰹節も使うこと。

まず大鍋で小麦を煮て、加減よく炊き上がったところで、お湯をほとんど取ってしまう。その上にあらかじめしっかり炒っておいた大豆をのせ、二時間ほどかけて蒸しあげる。大豆二に対して小麦は三が目安。

人肌くらいに冷めたところで大豆と小麦、麹菌（昔は保存しておいた前回の麹）をムラなく混ぜて茣蓙の上に広げる。かつては座敷の畳をあげてそこに茣蓙を敷いたそうだが、現在は多少間隔をあけて細い竹を敷き詰め昔の状況を再現した専用の装置を工房内に作り利用している。一〇畳以上の広さがある水を張っていないコンクリートのプールを竹簀が覆っている、とでも表現すればいいだろうか。

「風通しがよくないと、蒸れて腐ってしまうからよ。麹造りだけのために、こんなものを作ってもったいないという人もいるけど、麹の出来が醤油の出来を決めるからなくてはならないわけさ。黒くなったら、も～おしまいさ」

一週間そのままにしておくと、麹がたって金色（黄色）になる。

「黄色い胞子を風で飛ばしてから、塩と水を混ぜてあの四斗甕に仕込むさ」

仕込んでからも手を抜けない。四〇日間毎日毎日キャーギ（イヌマキ）で作った専用の混ぜ棒（石垣では、キングジィと呼ぶ）で一日三回、塩が沈んでいるので底の方から掬い上げるようにしてよく混ぜてやる。塩は一甕に一九キロが目安だが、最初の四、五日間は混ぜる度に味見をして、最終的な塩加減を決める。

「甘いと白いカビが生えて駄目になる。カビを生やさんようにするのが大変さ～」

さて四〇日ほど経過して醤油が醸されると、濾過をして泡盛と鰹節を加えて甕に寝かせる。泡盛は四斗甕に二升七合ばかり入れるというから、かなりの量だ。鰹節は三本くらい削り、取り出しやすいよう袋に入れて浸ける。

昔は濾過せずに細長く編んだ笊（ざる）（石垣では、シタディーヌファー。ちなみに、シタディー・ヒタティは下地で、醤油のこと）を醪（もろみ）の中に差し入れ、滲（にじ）み出し溜まったものを掬って使った。もちろん、ダル（醤油を取った残り。ヒタティヌカチとも。石垣島では、シタディーヌカシー）も貴重品。鰹節や刻み野菜などと混ぜ、食卓の一品としてすべて利用した。

竹富島醤油。この竹簀の上で麹を作る

甕に戻した醤油は、一〇カ月熟成させ塩がまろやかになり味がなじんだ頃から使い出す。時がたつとだんだん色が濃くなり、風味も落ちてくるので早めに使ったほうがいいとか。

島で他に造りたいという人はいないのか質問したところ、

「造りたいという者はいるんだが、ここに泊まり込んで習う気があれば教えてやるというと、熱意がないね。誰も来んさー」

しかし、那覇に住むお嫁さんが、醤油仕込みを手伝いながら見習いをしているので、たぶん後継者になってくれるだろうとのこと。島醤油造りの伝統は、しばらく安泰のようだ。

ちなみに、濾過した後も発酵が続いていると気づいたのは最近のこと。密封していた時は、まるで滲み出したように甕の肌が醤油で濡れたという。どうして水は洩らないのに醤油は洩るのかと悩んで、甕に漆喰（しっくい）を塗ってみたけれど効果がなかった。

恐らく発酵して生じたガスの圧力が高まり、蓋の縁から少しずつ滲み出て甕肌を濡らしていたのだ。それを洩れていると考えていたのだが、息子さんに指摘されて密封することを止めたら、洩れなくなったという。

狩俣さんのようなベテランでも、まだ完璧ではないらしい。島醤油造りに関しては、『石垣市史』の民俗編にも三ページにわたって詳述されていて、同じ石垣島内でも村によってけっこう造り方が異なる。例えば、狩俣さんは四〇日間かけている最初の醸造期間だが、石垣では一般的には三カ月、しかし、大川や川平(かびら)では一カ月だという。かなりの違いだ。市史では村ごとの違いとしているが、多分家庭ごとの相違ではないか。味噌の場合、自家製のものを最良とする手前味噌という呼び方があるが、島醤油の真のありようは手前醤油に違いない。かつては一〇〇家族あれば一〇〇種類の醤油があったのかと、想像するだけでも楽しい。

材料はどうしているのか質問したところ、さすがに今は購入したものを使っているそうだが、昔はすべて島で作っていたとのことで、小麦と大豆の品種名がすらすらと出てきた。

「塩もよ、シンメーナベ（大鍋）で炊(た)いて作ったさ」

密かに生き延びてきた島醤油は、伝統と文化の島、竹富にふさわしい産品だ。発売開始早々港にある売店で聞いたところ、さっき最後の一瓶が売り切れてしまったとか。

三〇〇ミリリットルで八〇〇円と決して安くないが、個性が際立っているので、第二の石垣ラー油（島の香辛料を使った手作り品で、入手が難しいほどの大人気）になる可能性は十分にある。

西表島（いりおもてじま）――静寂の底でそっと息づく物語

不思議な空気に満ちた場所

はらはらと木洩れ陽が散り落ちるマングローブの泥の上にウォーキングシューズで立ち、カヌーでやってきた人たちに黙ってゆらゆらと鷹揚（おうよう）に手をふる。

カヌーでしか入ってこれない場所だと思っている人が多いので、誰もがぼくの姿に気がつくとキジムナー（悪戯好きな沖縄の妖精あるいは妖怪）でもみたような顔をする。一瞬の無表情と、その後になだれ落ちてくる戸惑い。趣味が悪いな～と思いながらも、期待通りの反応に心の中でニンマリ。キジムナーに変身できたような快感だ。

もういちど大きく手をふりながら、今度はコンニチハ～と声をかける。

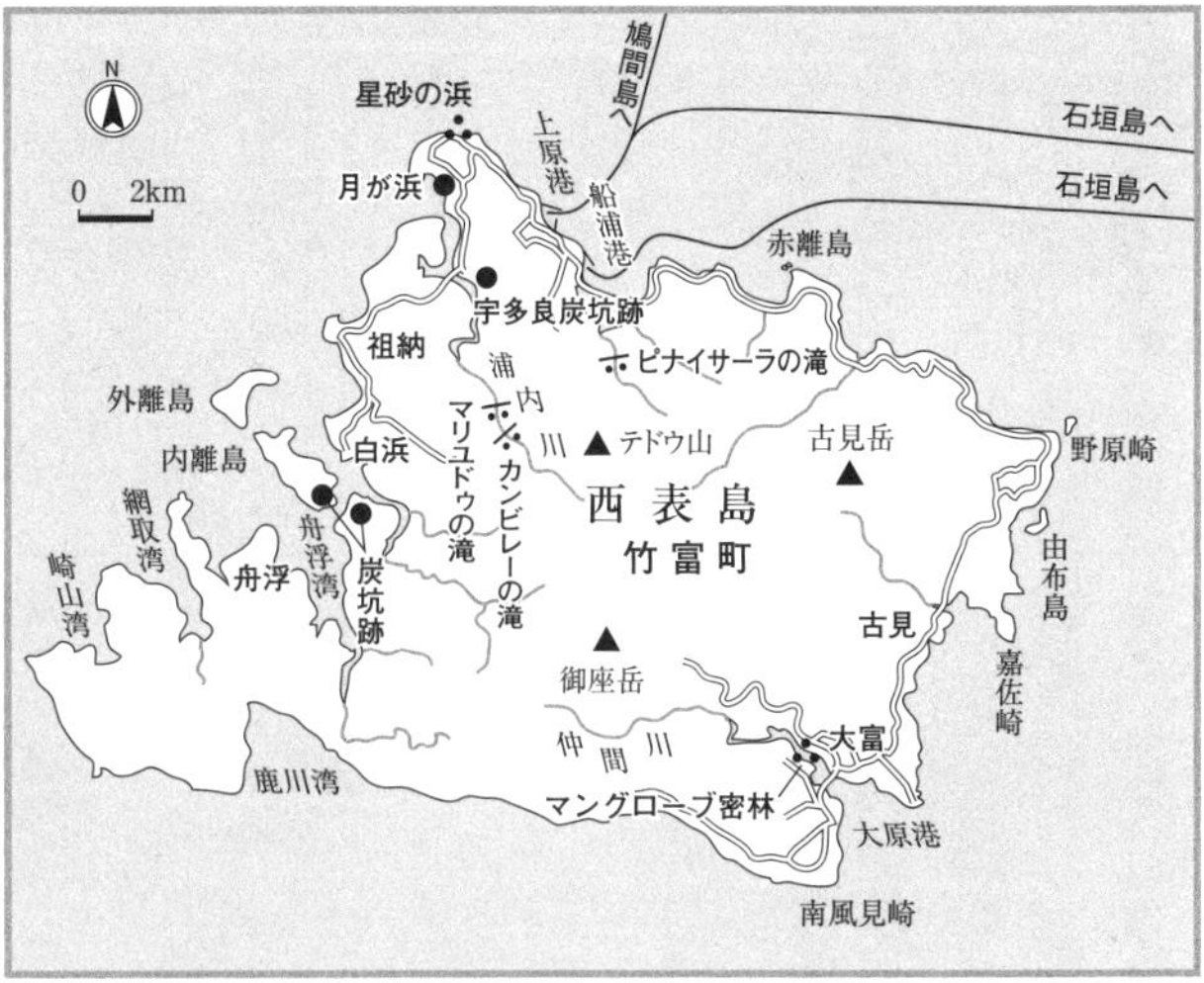

すぐに気をとり直して挨拶を返してくれる人もいれば、どう反応していいのかわかりかねるのだろう、曖昧（あいまい）に会釈する人。もちろん、都合の悪いものは見えなかったふりもいる。

ここは西表島観光のメッカ、浦内川（うらうちがわ）のすぐ近く。本流は観光遊覧船がひっきりなしに往来するが、けたたましいエンジン音もここまでは侵入してこない。浦内橋上手の遊覧船船着場から数百メートル上流で、小さな支流宇多良川（うたらがわ）が合流する。

ぼくが立っているのは、その支流を三〇〇メートルほど遡（さかのぼ）ったあたり。だから、カヌーでしか近づけないように思える。

しかし、船着場がある右岸には細いけれどはっきりとした踏み跡があって、ひたすら歩けばここまで一五分ほどで着いてしまう。小道は支流沿いに続いているので、迷いようもない。ほとんど消えかかっているが一〇分ほど行ったところに右へ入る踏み跡があって、その先にはコンクリート製の橋が架かり宇多良川を跨いでいるから、橋の上でカヌーツアーの一行を出迎えることもできる。

なぜこんな場所に小道がついているのかというと、戦前はこの周辺に宇多良炭坑という西表を代表する大きな鉱山があったから。戦後は、周囲のジャングルを切り開いて農耕も行なわれていたという。

泥に嵌らないよう辛うじてバランスをとって立っている水際の奥に、よく見るときちっと積まれた石垣が連なっていた。かつて石炭積み出しのための船溜まりがあったその前に、奇妙な機械の塊がある。それすら見逃しがちだが、よく観察すると機械を遠巻きにするように黒くて太い線が見える。目で辿って行くと、やがて一巡りして舟形になった。

「石炭運搬に使われていた団平船さ〜。自分たちも、炭坑夫をしていた人に教えてもらうまで気づかなかった。石炭を積んでいる姿は、見たことないもの。戦後は、浦内の人が上流へ水田耕作に行くとき使っていたさ」

西表を隅々まで歩きつくしている石垣金星さんから、以前一緒に歩いた時に指摘されるまでまったく気づかなかった。宇多良は炭坑時代の遺構がたくさん残り、人為と自然がせめぎあって醸しだす不思議な空気に満ちた場所。そして、手軽に歩いて行けるうえに滅多に人とも会わないので、それまでに何回も訪ねていたのだが、船の遺構には改めて驚かされた。

赤煉瓦の橋脚らしきもの

現在、宇多良で炭坑時代の面影を偲ばせるのは、コンクリートの四角い小屋や基礎、排水路らしき石積みや人工的な大きく四角い穴、石積みの階段。そして、なんといっても目立つのが、赤煉瓦で築かれたトロッコ道の橋脚らしきもの。そこの川側が貯炭場だったため、周辺の地面だけは石炭の砕片に覆われて今も真っ黒なまま。

数脚が連なる赤煉瓦の柱も、ガジュマルに締めつけられ絡みとられ、大きなオオタニワタリが着生し、自然の一部に戻ろうとしていた。

積み重なり風化していく『時』の象徴としてたたずんでいるようにみえる。礎石にすわって耳を澄ましても、聞こえてくるのは人の声でも、トロッコの振動音でもなく、鳥のさえずりや小動物がかさこそ歩き回る音ばかり。

しかし、昭和一〇年代の最盛期、ここには坑夫だけで千数百人という大規模な炭坑施設が広がっていたのだ。昭和一二年頃に撮影されたという炭坑の全景写真をみると、貯炭場や積み出し施設とともに、炭坑倶楽部、売店、妻帯坑夫の住宅、食堂、炊事棟、大きな独身坑夫の寮など多くの建物が写っていて、立派な村の体裁をなしている。痕跡は辛うじて残っているものの、とても信じがたい光景だ。

今もそのまま残る日本海軍舟浮要塞

かつて西表には、数多くの炭坑があった。特に多かったのが、周遊道路西端の白浜から西にかけての地域。現在は無人島になっている内離島（うちばなりじま）や外離島（そとばなりじま）にも多くの炭坑があって、坑口をはじめ井戸や住居跡、墓など、今もその痕跡が残る。

祖内（そない）方面から白浜に抜ける西表トンネルが完成してから通る人はほとんどいなくなったが、山越えの切り通しに石炭の黒い露頭がみえたものだ。

手元にある昭和一〇年発行の『日本案内記九州篇』を開くと、八重山地方に関する記述はわずかに九行しかない。そのうち五行が石垣町（現石垣市）に割かれ、残りの四行はなんと西表島の舟浮（うなうき）に当てられていて、現最西端の与那国島や現最南端の波照間島、重要伝統的建造物群保存地区の竹富島などは名前すら出てこない。

舟浮は深い入江と入り組んだ海岸に遮られて道がなく、現在でも白浜から船で行くしかない秘境西表の中の秘境という集落。

――【船浮港】石垣港の西六〇粁（キロメートル）、八重山諸島の一島で西表島の西岸に位置し、避難港であるが、港内狭隘（きょうあい）なるのみならず、水深大に失する欠點（けってん）がある。港口の内離島には琉球炭礦（たんこう）があって、石炭を産出する。

西表西部に石炭が存在することは江戸時代から確認されていたが、列強に知られるとまずいとして極秘事項だった。明治一八年になって三井物産が、日本最西端の石炭供給地である重要性から、国策の一環として舟浮周辺で本格的に石炭の採掘を始めた。最初に坑夫として使われたのは、北海道開拓と同様に囚人たちだった。

しかし、猖獗（しょうけつ）をきわめるマラリアでバタバタと倒れ、間もなく採炭を中止してしまう。その後、大倉組が再度開発に着手し、徐々に数も規模もふえていった。ちなみに、沖縄県で最初に税関ができたのは、県都那覇ではなくなんと舟浮だった。当初西表の石炭は、中国や台湾への輸出品だったのだ。

今は小さな売店があるだけの村だが、戦前の最盛期には遊郭や料亭まであった。いつの世も、あぶく銭の集まるところには同じような店ができるらしい。大きな炭坑の売店は、石垣島よりも物資が豊富に揃っていたそうだ。

西表の島人たちは、炭坑関連施設で働いたり食材を供給することはあっても、坑夫にはならなかった。坑夫たちは、全国各地から流れてきたり、騙(だま)され連れてこられた人が大半で、暴力沙汰や逃亡劇が絶えなかった。その坑夫たちが最後に課せられた過酷な労働が、日本と東南アジアの航路を確保するための日本海軍舟浮要塞の建設だった。

訪れる観光客も少なく静寂の底でそっと息づいているような集落のすぐ南側に、弾薬庫や特攻艇格納壕、発電室などが、今もそのままになっている。

深い入江に抱かれた人口数十名という舟浮の防波堤にすわり、石炭に翻弄(ほんろう)され戦争に踏み躙(にじ)られた西表島や舟浮の歴史を思うと、隆盛に向かいつつあるようにみえる観光業も、はかない夢のように少しゆらいで感じられた。

小浜島（こはまじま）——島人から聞いた思いもかけない噂

注目を浴びる『ちゅらさん』の島

　高速船から小浜島に降りたつと、風が甘く匂った。

　港を出発して、すぐに甘い風の正体がしれた。大きな工場の小浜糖業株式会社とかかれた煙突から、黒っぽい煙がほやほやと立ち昇っている。その先の畑では、ススキのような白い穂をつけたサトウキビが、時おりどーっと吹きぬける風に大きくなびいていた。そういえば最初に電話した民宿では、この時期は援農の人しか泊めていないからと断られたっけ。

　バスは、四、五分で小高い島の中央に広がる村へ到着。ＮＨＫの朝の連続テレビ小説『ちゅらさん』で有名になったシュガーロードの基点近くにある宿のそばで、降ろされた。サト

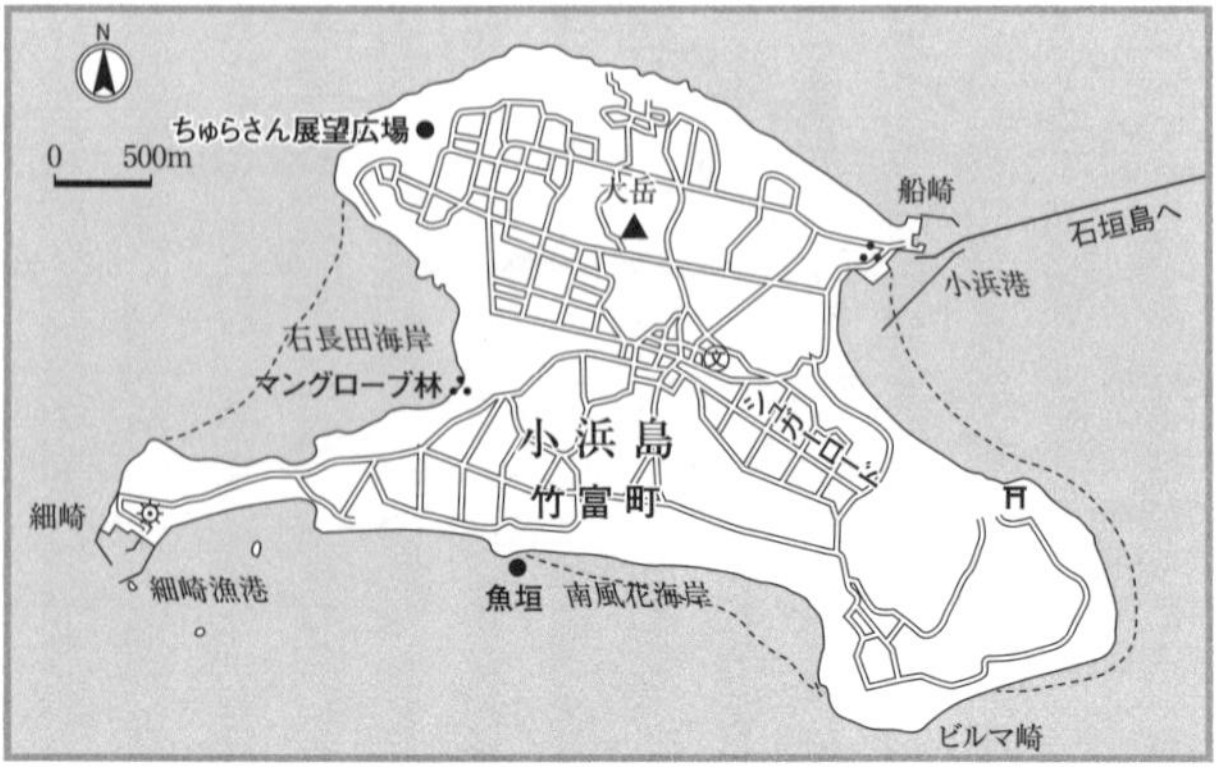

ウキビ畑をまっすぐつらぬく坂道と電柱が番兵のように連なっているあのシーン。

小浜島には、最西端の碑、古い町並み、マングローブの川めぐりなど、わかりやすい見所は少ない。美しいビーチはあるが、あとは島の最高峰大岳(うふたき)からの眺望くらい。ダイバーならば、小浜と西表島の間にあるマンタの通り道ヨナラ水道を聞いたことがあるだろう。

一見なにもない小浜島を訪れる人が、近年うなぎのぼりだという。『ちゅらさん』の舞台になった影響らしい。シュガーロードをサトウキビ畑と逆方向へ歩くと、たくましいフクギの屋敷林にかこまれた家が点在していた。じっくり歩くと、なかなかいい町並みだ。この辺が村の中心。つきあたりを右へ曲がると、またサトウキビ畑が広がっている。まさに、キビ刈りの最中。人手で刈り取ったキビを集め、クレーンでトラックに積みこんでいた。

近くの草原では馬がのんびりと草をはみ、かなたのバナナ畑の上に西表の山々が蒼くつらなっている。そして、東にはサンゴ礁の海。こんなさりげない風景が、心を洗ってくれる。クルマや自転車で移動している人は、この良さにどれだけ気づいているだろう。そんなことを思いつつ、田植えの終わった水田を脇目に島の最高所大岳を目指す。大岳の標高はわずか九九メートルだが、石西礁湖（せきせいしょうこ）の中にあっては竹富島が二四メートル、新城（しんぐすく）は二〇メートル、黒島にいたっては一五メートルしかないので、ぬきんでた高さをほこる山。遮るものもないので、一望千里の贅沢な眺望が独り占めできてしまう。

山頂の四阿から四方を見渡せば、めくるめく光の氾濫。北には、サンゴ礁を背景にレンガ色の屋根と白壁の南欧風リゾート。時計回りに目を転ずると、白い砂浜が一直線になって輝くリゾートアイランド嘉弥真島（かやまじま）。そのかなたには、裏石垣の山々。建物が白くまたたく石垣市街と、前によこたわる竹富島、黒島。そして、新城島。波照間はかすんでいた。

のんびりした草原がつづく。山影は西表島

ググッと足元に目をひきよせれば、西表島を手まねきするように半島がのびている。その先には、淡い藍色にたたなづく西表の山並み、ぺたんとした由布島。半島の先端は、糸満の海人が建てた村、細崎だ。半島のつけ根にあたる浜辺は、マングローブで覆われている。

なぜ、野良クジャクが？

大岳からの眺望を堪能したあとは、一路ちゅらさん展望台へ。さすがに、観光客が入れ代わり立ち代わりやってくる。それも、熱々の若いカップルが目立つ。西表の山々がせまり、隔てるのはせまいマンタウェイだけ。サンゴ礁の海を背景にして、小高い丘の上に「和也の木」がみえた。ちゅらさんの主人公恵里と夫になる和也が将来を誓った場所。それにあやかろうと、多くのカップルが訪れるらしい。

展望台からの眺めも雄大だった。サンゴ礁の浅海に黒い線を描いてつづいているのは、魚垣（ながき）だろう。海中に巨大な石垣をつくって、潮がひいたとき垣根の内側にとりのこされた哀れな魚をつかまえる装置。一度築いてしまえば、半永久的に使える石の定置網だ。南側の海岸には、世界屈指の規模をほこる魚垣もあるという。

展望台からの帰り道。牧場の一角で大きな鳥が、なにかをついばんでいた。もしやと思って足をとめたら、ぼくに気づいたらしく藪をめがけて一斉に走りだした。青緑色の長い尾羽がゆれている。小浜島名物の野良クジャクだった。

もともとは島の南部にあるリゾートから逃げたものだという。そもそもなんでクジャクなのか。リゾート内をクジャクが歩きまわり、時には美しい羽を広げてくれればお客も喜ぶだろうとつれてきた、というのが一般的な解釈。しかし、かつて島人から思いもかけない噂話をきいたことがある。

小浜島ではプーリ（豊年祭）が盛大に行なわれるが、その中でもアカマタ・クロマタと呼ばれる来訪神による豊穣を願い厄を払う儀式は秘儀性が高く、撮影、録音、スケッチ、メモ、携帯電話持参等、すべて固く禁じられ、掟（おきて）を破れば厳しく罰せられる。決められた場所での見学はできるが、祭りのようすを他人に話してもいけないというほど。

同じ系譜の来訪神は、西表の古見、新城島、石垣の宮良（みやら）にもあらわれるという。二〇年以上前、ある新興宗教の熱烈な信者が侵すべからざる来訪神の儀式を妨害して、翌日冷たくなってみつかったという噂を繰り返し聞いたことがある。もちろん、ぼくなどに事の真偽は確かめようがないが、この出来事（事件ではない）を語る島人たちの淡々とした口調に単なる噂ではないものを感じた。ぼくも、本来の神事や祭祀とはそういうものだと思う。

　話は横道にそれたが、小浜はそういう秘祭が継続されてきた土地だから、観光客がたくさん押しよせるような宿泊施設をつくるための土地は売りたくなかったけれど、アソコならまあいいやと譲ったとか。アソコは島でもとくにハブの多い土地で、開発が進んでなかったため渡りに船だったということらしい。

　一〇年ほど前、そのリゾートに一泊したとき宿の人に事実関係を聞いたが、昔のことだからと首をひねった。で、なんでクジャクか？　原産地のインドでは、クジャクはコブラの天敵なのだ。当然ハブだって食べてしまうだろう。要するに、建設途中でハブに気づいた宿側が、毒蛇封じのために放したのだという噂。メタリックで虹色をやどした神秘的な羽にばかり目がいってしまうが、よくみるとクジャクはとても獰猛な目つきをしている。

　孔雀明王という仏像がある。日本で一番有名な孔雀明王は、おそらく高野山の霊宝館に収蔵されている快慶作のものだろう。仏教において、人を害する毒蛇をも食らうクジャクを神格化した明王で、一切諸毒を除くともされている。仏教の生まれたインドで、もっとも早く登場した明王。そんな理由で敷地内に放たれたはずのクジャクは野に下り、今や愚連隊となって雑食であるため野菜畑などを襲撃しては島人を困らせているのだ。

石垣島(いしがきじま)——路線バスの楽しみ

路線バス五日間乗り放題のお得なフリーパス

この春に石垣島を訪ねた時、ぽっかりと半日間あいた。お気に入りの石垣市立図書館で面白そうな郷土本を二時間以上あさったが、まだまだ時間がある。今夜の宿は白保なので、半日図書館にこもるくらいならば、逆まわりで白保へ行ってみようじゃないか。

その時に脳裏をかすめたのがいつか使ってみようとおもっていた「みちくさフリーパス」。石垣島の全路線バス五日間乗り放題で、なんと二〇〇〇円ととてもお得。バスターミナルまで歩き、一五時一〇分発の西一周線にのった。ちなみに西一周線はこれが始発で、次便が終バス。悲しいことに、それですべて。運転手が親切にも、きいてくれた。

「どこまで行きますか」

思いきり道草なんだよな〜と少しいいよどんで、みちくさフリーパスをみせながら、

「ぐるっと回って白保まで行きたいんですが」

「はぁ〜?　白保まで」

あきれたようにいって、絶句。ふつうは市街から白保まで三〇分、三五〇円。ところが、逆まわりをすると二時間一〇分、一四五〇円もかかる。訝しげな表情はむりもない。

バスは、定刻を五分おくれて出発した。ぼく以外は、スーパーのレジ袋をさげたオバァが二人だけ。動きだすとすぐに、八重山の民謡が流れはじめた。ラジオではなく、ＣＤらしい。『トゥバラーマ』、正調の『安里屋ユンタ』などが、じんわりと心に沁みる。

それにしても、寒い。冷房をきかせすぎだよなとおもっていたら、オバァが運転手に寒くないかね〜?　と声をかけた。

「オバァ、今日は湿度が高いからよ、冷房きかさんと窓がくもってしまうわけ」
二、三分走ったガソリンスタンドの前で、急にクラクションを鳴らした。何事かとおもったら、女性従業員が手をふっている。すかさずオバァが、
「あ〜、あんたの彼女かね〜」

「違うさ、ぼくの友達の奥さんよー」

ターミナルから数分で市街地が終わり、サトウキビ畑の中を行く道になった。川平方面に向かうのは、何年ぶりのことだろう。道は見違えるようによくなり、まるで他国にきたようだ。窓の外がくもりだしたら、冷房が弱くなった。

誰も待っていない名蔵(なぐら)バス停で停車。客が少なすぎてスイスイ走ってしまうので、こうやって時々時間調整をする。万一定刻ぎりぎりにくるお客がいると、置きざりにしかねないからだ。山手線なら乗りおくれても問題はないが、日に二便では大変なことになる。だから、ターミナルからもわざとやや遅れ気味に出発する。

民俗園、鍾乳洞、公園、観光果樹園、窯元(かまもと)など。かつてはみたこともない観光施設の看板が次々とあらわれる。ぼくにとって最近の石

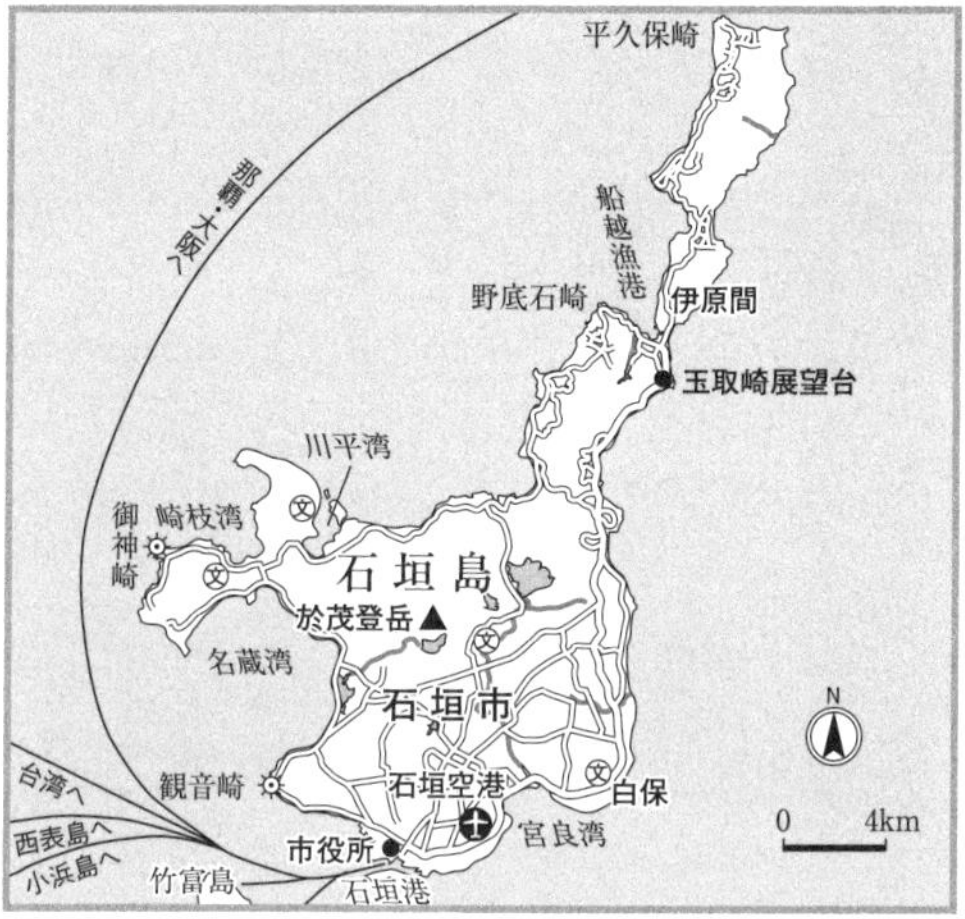

垣は、離島への乗りかえ場所でしかなかったから、すっかり事情に疎くなっていた。

やがて、パッと海がひらけた。西海岸の名蔵湾。潮がひいた遠浅の海辺を、マングローブが覆っている。干潟には潮干狩りをする人影。こういう風景が無造作にあらわれるのが石垣らしい。その間も民謡は流れつづけ、オバァたちは耳をかたむけている。

哀調にあふれた曲から、軽快なテンポの曲に変わった。運転手がハンドルを握ったまま、囃子にあわせてトントンとハンドルを叩きだした。

ハイッヤハイッヤ、サッサッサッサッ。

調子のいい掛け声が、CDから飛びだしてくる。たぶん、無意識のうちに体が動いているのだろう。せいぜい三〇代半ばくらいだから、ぼくよりはるかに若い。さすが、ビギンや夏川りみ、新良幸人などのミュージシャンを輩出している芸能の島だ。

深く切れこんだ入江の圧倒的な美しさゆえ、石垣第一の景勝地といわれる川平で、またも時間調整。運転手は一服するため、バスをおりた。オバァにきくと一人だけだったり、誰ものっていないこともしばしばとか。運転手がもどってくると、流れている民謡についてオバァたちと話をはじめたが、島言葉でほとんど理解できない。

しかし、オバァたちのためにわざわざ民謡を流しているようす。

動きだしてしばらくすると、西表島の『デンサー節』がきこえてきた。

「あれ〜、オバァ、これ好きさ。あんたー、えらい。よくわかっているさ〜」

ほめられた運転手も、ふふっと笑う。オバァは、曲にあわせてゆっくりと体をゆらしながら、「デンサ〜」という掛け声をそっと口ずさむ。

16時40分、定刻通り伊原間に到着

とろりと島時間へ

それから一〇分足らず、二人のオバァがたてつづけにおりると、大型バスはぼくの貸切になった。こんなところにと思うような道端に、ぽつんぽつんと面白そうな手作りパン屋や喫茶店、パーラー、創作土産品店などがあらわれる。レンタカーで島をめぐる観光客が目あてだろう。新築のマンションが、唐突にたっていた。本土からの移住ブームで、石垣島には貸家が足りないというから、そんな人たちを狙って建てたのか。

野底小学校の前から、「栄までお願いしま～す」と元気よく挨拶しながら、小学生が二人のりこんだ。先生が、手をふって見送る。しばらくすると、バスがサトウキビ畑の小道へおれた。数百メートル先の突きあたりが栄だった。名前からして、敗戦後の開拓村だろう。周辺には、熱帯系の観葉植物の畑も広がっていた。

運転手にバスの利用状況はいつもこんなものかきくと、

「まあ、こんなもんかな。これ以上便数をふやすと、会社は赤字さ～」

そういってから、あわててつけくわえた。

「この路線は、もう十分赤字だけどよ～」

一六時四〇分、定刻通り伊原間に到着。

「はい、終点につきましたよっ」

「ええっ、白保の方へは？」

「あ～、このバスがいくからのっていてもいいけど、一応ここが終点ねー」

心機一転、一〇分後にあらたな気持ちで出発するらしい。隣に郵便局があったので、消印をもらうことにした。

「ここから北はもう郵便局はないんですよ。だから、ここが石垣最北端なんです」

一人だけいた女性の局員が、思いきりよくポンと押印してくれた。

伊原間から東海岸を経てターミナルへむかうバスも、貸切だった。時々、運転手と世間話をしながら風景を眺める。意外に海がみえないのは残念だったが、姿をみせれば西海岸より透明度が高く美しい。牧場がひろがりはじめたころ、運転手が前方を指さした。

「ほら、カンムリワシっ！」

電柱のてっぺんに凜（りん）とした鳥がとまっている。

けっこうよくみかけるらしい。やっと伊野田校のバス停から六名の児童がのりこみ、すぐにジャンケンや尻取りをはじめ急ににぎやかになった。運転手がおりたので時間調整かと思ったら、誰かを待っているらしい。しかし、待ち人はなかなかやってこない。

見送りにでていた先生が、子どもにきいた。

「五年生と六年生、まだ残っていた？」

「○○と△△がいたけど、お母さんが迎えにきてたよー」

運転手は、いつもバスを利用している○○、△△両君を待っていたらしい。

子どもたちはパラパラとおりてゆき、最後に二人が残った。運転手が、突然いった。

「つぎは白保、白保で～す」

豊かなサンゴ礁が残っていることで有名な白保海岸

どう考えても白保はまだ先。

白保で下車するつもりのぼくは焦った。

「ええっ！」

「うそ〜！」

子どもも、すぐに反応した。運転手が、なにやら説教しながら子どもを降ろした。子どもも、しょげたようす。とまどっていると、降りるバス停になったのにうしろの席で漫画を読みふけっていたので、おどかしたのだという。

「オレは、あの子らが降りる場所を知っていたからよかったけどよ、知らない運転手だったらそのまま行ってしまうさ。特に、今日のように（児童待ちで）遅れている時は」

北海道を思わせる広々とした畑地をしばらく走ると、懐かしい白保の集落がみえた。

今日は、思いがけずロードムービーのライブを堪能できたよい旅だった。そう喜んでいたら、その次に長距離路線バスにのったときもしばらく一人きりで、運転手とすっかり話し込んでしまった。ついでにこんなアドバイスも。

「ほら、あの食堂のソバだけどよ。とってもおいしいさ。ただ売り切れたら閉店だから」
「あの店、最近できて気になっているんだけどよ。一人で入りにくそうで……」
レンタカーに、こんな楽しみはのぞめない。

ちなみに、石垣島の東運輸以外にぼくが好きな島バスは与那国交通バス、西表交通バス、宮古島の八千代バスと協栄バス、久米島町営バス。そして、奄美の加計呂麻バスも大好き。便数が少なくて不便ともいえるが、そのためとろりと島時間へ溶け込めてしまう。路線バスは、島のペースに自然と同化してしまえるすてきな装置なのだ。

沖縄本島最北の国頭村(くにがみそん)に点在する小さな集落をむすぶ村営バスなどは、島バスよりも濃密な南島の空気が漂っていて、沖縄好きならば乗り物酔いに強い人でもたちまち酔ってしまいそう。おすすめの酔い止め薬は、もちろん冷たいオリオンビール。バスに身をまかせてゆらゆらしていれば、酔っぱらい運転でつかまる心配もないし。

サンゴ礁の恵み

沖縄や奄美を縁取るサンゴ礁の海は、限りなく美しい。潜ったりグラスボートで海中を眺めれば、この世の龍宮城。ただし、どうしても水族館で魚やサンゴを見ている感じがする。

しかし、沖縄でイノーと呼ぶ礁池（サンゴ礁の内海）は、豊かな天然の生簀でもある。あるいは、手間のかからない自家菜園。そろそろ食事の用意をしようかなと、イノーへ向かう。

砂浜を掘ればイソハマグリなどの貝が出てくる。春先には、アーサやモズクなどの海藻がびっしりと岩につき、塩漬けしたり乾燥しておけば翌年まで保存できる。塩も、かつてはイノーの海水を煮詰めて作った。潮溜まりの穴を覗けば、タコやイセエビ、時には逃げ遅れたイカや魚も。サザエ、シャコガイ、マガキガイ、タカセガイなど貝類も豊富。スクやスルルなどの小魚が押し寄せることもあり、なにかしら与えてくれる場所。

それだけではない、サンゴそのもの、貝殻やサンゴが砕けてできた白砂もいろいろな形で利用されてきた。サンゴは石垣や住宅の礎石に。また、サンゴを焼いて作った石灰は、赤瓦を固定したりシーサーを作る漆喰にしたり、砂糖を固める凝固剤としても活用された。白砂は、道や屋敷、御嶽などに敷く。星砂は、観光客に人気の手ごろな土産品として販売される。

さらに、板干瀬（いたびし）（ビーチロック）まで利用することもある。南島の浜辺で時々見かける、貝殻やサンゴのかけらをいっぱい含んだ、自然に生じたコンクリートの板のような塊。凝灰岩のように柔らかいので、石材として切り出すのだ。

だから、健全なサンゴ礁を守っていくことは、自分たち人間の暮らしを豊かなものにするために欠かせない。

第五章 沖縄本島と周辺の島々

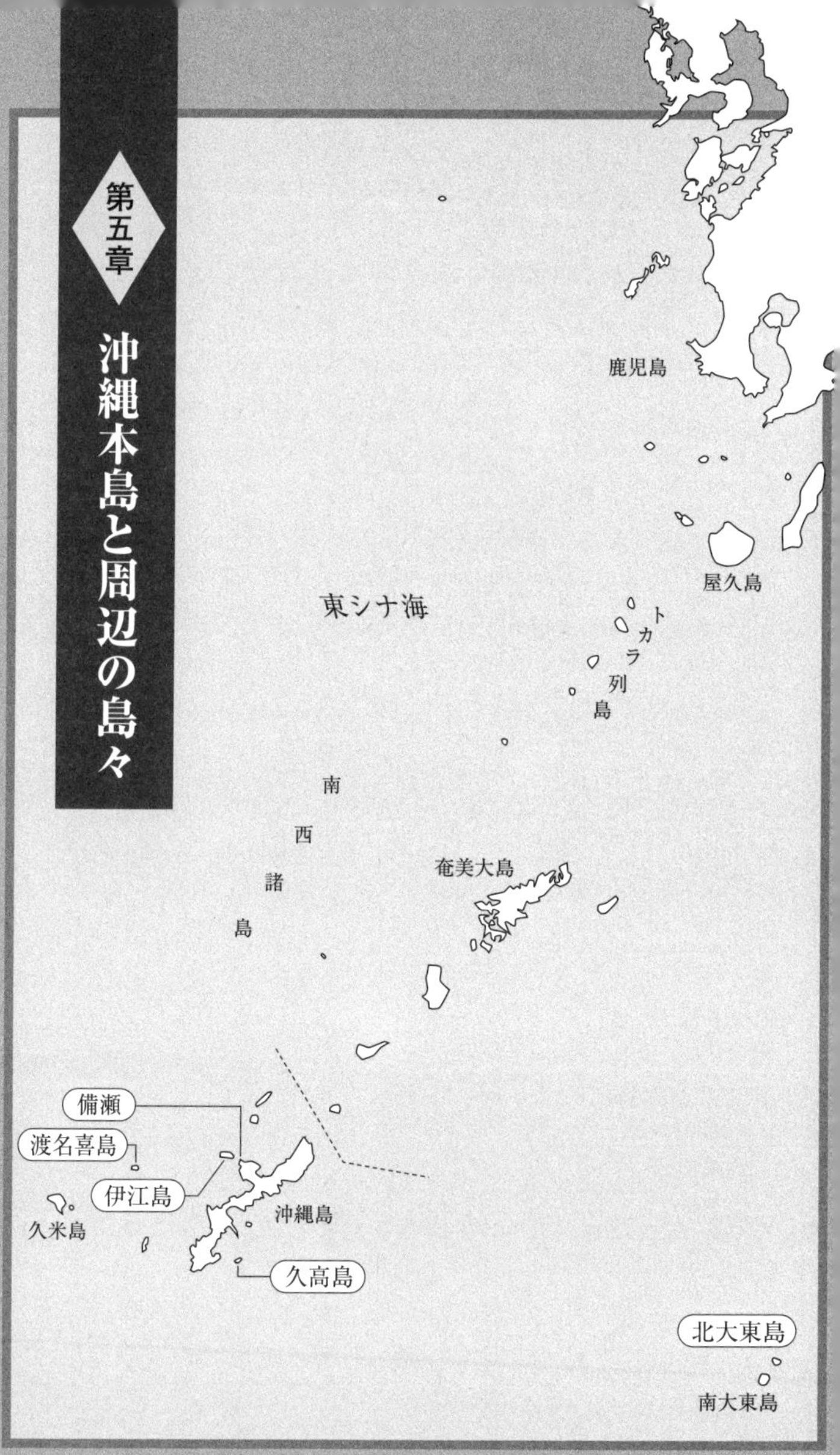

備瀬(びせ)――このフクギ並木はビシンチュの誇りです

沖縄の香りが沁みる集落

沖縄本島に、まだこんなに素直で鮮やかなサンゴ礁らしい海が残っていたのか。最初は、永遠の時がはりつめたような淡いコバルトブルーに目を奪われた。その果てに、伊江島がツンと岩峰イータッチューをのせて浮かんでいる。

海に背を向けると、天をさして一直線にのぼろうとする積乱雲のように、黒々と村を覆っているフクギに目が釘づけになった。

これもなかなかのものじゃないか。でも、第一印象はフクギより海。備瀬のまわりには、リュウキュウマツもソテツももりもりと繁っていた。サンゴ礁を陽とすれば、フクギ並木は陰。もしかしたら、漠然とそう感じたのかもしれない。

その後も、本部半島まで行くと必ず備瀬によった。あらたまった店も宿も観光ポイントもない。なにがあるわけでもないけれど、空気が透明で沖縄の香りがしんしんと沁みる集落。クルマの入ってこないフクギ並木の白砂が敷きつめられた小道を、木洩れ陽をふみながらあてもなく歩きまわる気持ちよさ。

備瀬の海岸。遠くに伊江島がみえる

オバァやオジィに会釈すると、ニッコリ笑いかえしてくれる。フクギが醸す闇のトンネルのその先に、あふれる光の海。この対照も、ほれぼれとする。光と影を行き来するだけで、心の中に活気が蓄積されていきそうだった。

昨年（二〇〇四年）ぶらりと訪ねたとき、小さな海産物を食べさ

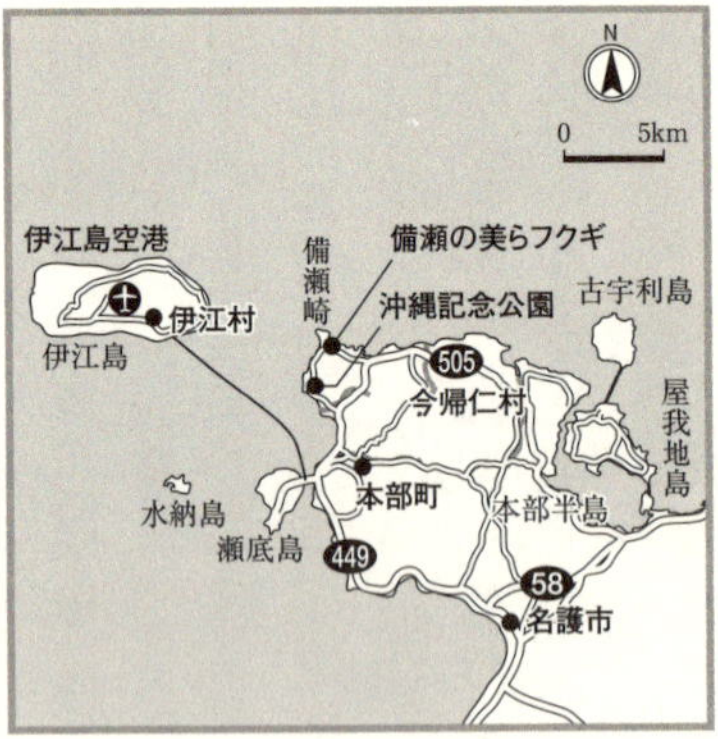

せる店らしき看板をみかけた。いよいよこんな店ができたのかと覗いたら主人と目があって、ま〜お入りなさい。店というより民家を開放した感じ。人さまの庭におじゃましてユンタク（おしゃべり）する。

　備瀬の海でとってきた貝や魚、ウニなどが、大きな生簀（いけす）の中でうたたねしている。

「これ食べたことある？　みてくれはよくないけれど、おいしいさ〜」

　ゆでたばかりというマガキガイとクモガイをだしてくれた。両方ともぼくの好物だ。遠慮なく手をのばした。ゆで加減がいいのか、海の塩気と貝からにじむ絡みつくようなぬめりがうまい。楊枝（ようじ）で身をくるくると抜いては口へ。

「まあ、つまみだけでもなんだから。これ飲んだらいいさ〜」

　なんて言いながら主人がオリオンビールを、出してくれた。備瀬の海の豊かさ、アバサー（ハリセンボン）汁をおいしくつくるコツ、お忍びでとれたての海産物を食べにくる有名人たち。ちか頃は、観光客をのせてフクギ並木の道を遊覧する水牛車もあらわれたという。とりとめのない話をひとしきりして、またフクギ並木の小道へ。ぼくは、なぜ彼とあそこで話をしていたのだろう。そよ風のように通りすぎるひと時が、備瀬らしい時間。

自分たちの力で守り継ぐ

今年（二〇〇五年）になってから訪ねた時、備瀬区長の知念重吉さんに話を聞かせてもらった。政令指定都市で区長というとものものしい響きがあるけれど、ここでは昔の村長さんのような存在。もちろん地域をまとめる大切な役割だ。知念さんは、訥々（とつとつ）と語った。

「この四、五年ですかね。やってくる人がふえたのは。なんでかね〜。町のホームページで紹介されたからかもしれないし」

三年ほど前からは、一年中観光客の姿を目にするようになった。水牛車がたどるルートは関係業者が掃除するが、ほかの小道の清掃は各々の分担になっているという。

「東南アジアから沖縄にフクギが入って五〇〇年くらいになるそうですが、備瀬のフクギは古いもので樹齢三〇〇年くらい。とくに記録は残っていないが、万年の計をたてて植えたに違いないと信じています。歩いてもらえばわかるけど、道が碁盤の目状になっているでしょう。今でいえば、都市計画ですよ。昔の人は、えらかったさ。このフクギ並木はビシンチュ（備瀬人）の誇りですよ」

昭和二二年生まれ、区長になって約三〇年という、備瀬生まれ備瀬育ちの知念さんは力強い目をしていった。驚いたことに、昔の備瀬のフクギはこんなものじゃなかったという。

「大人二人で囲むほど太い樹もありました。今のは細いですよ」

本当ならば、直径一メートルというとんでもない大フクギがあったことになる。

「それに今は、道に光が射してくるでしょう。かつては、フクギが道の上に被いかぶさって、光が洩れないほどだったんです。昔から、本当に大切にしてきましたからね」

敗戦後に住宅用材として間伐・乱伐され、道路拡張のためにとりのぞかれ、復帰前の配線工事では電線の邪魔になるとして、多くの樹が四メートルの高さで切り落とされた。また、風にそなえて掘り込まれ一段低くなっていた家の敷地も、風に強いコンクリート建築の普及とともに埋め戻され、道とおなじ高さになったという。

だから村の風景はすっかり変わってしまったといってもいい。それでも、これだけ鮮烈な印象をあたえてくれるのだから、かつてはどれほどみごとだったことか。

フクギは根を張りしっかりと直立して、甲虫の羽のようなつややかでぽってりした葉を繁らせる。毎年必ず来襲する台風にそなえた防風だけではなく、防潮、防砂、防火など多岐にわたる役割を期待されているすぐれものの樹で、樹皮は染料に使われる。

「台風がきてもフクギがひゅうひゅうするだけで、おうちはなんともないさ。何百年と台風にたえてきた樹ですから。夏は涼しい木陰をつくってくれるし、冬は冷たい海風を防いでくれる。それでも防波堤ができるまでは、風が強いとおうちまで潮が入ってきたもんです」

フクギ並木。万年の計で植えられたに違いない

どっしりしたフクギは、いかにも頑固でたよりがいがありそうな体つきをした樹だ。並木道では根と根が絡みあい盛り上がり、まるで岩のようにみえるところもある。

「フクギの根が道にはりだしてクルマの邪魔になっている場所もあるし、メインストリート以外は舗装もしていないので、けっこう砂ぼこりが大変なんです。夏はコウモリがフクギの実をたべにきて、そのたべかすにハエがわくので、すぐに掃かないといけないし。でも、自分たちが誇りにしている景観を守るため、がまんしています。今、電線の埋設ができないか、役所と交渉しているところですが……」

「文化財としての登録を申請することは、考えていないんですか」

「指定されると、枝一本切るのも面倒な手続きが必要でしょう。家の新築にあたっても、いろいろと制約されるし。だから、人の力にたよらず自分たちで守っていけばいいと思っています。石垣の隙間をふさぐのにトタン板を使っていたりで見苦しいところもあるので、これからはフクギ並木周辺の景観整備をしていきたい」

今のところ、まだまだ竹富島にはかなわないけれど、五年後、一〇年後、どんな変貌をとげているのだろうか。また、備瀬を訪ねる楽しみがふえたようだ。

渡名喜島(となきじま)——シマノーシを一緒に見ていったらいいさ

時を超越した神女の舞い

忘れられない光景がある。

今となってはどこまでが現実で、どこまでが想像の世界であったかすら定かではないが、アコークローの薄暮が迫るころ、裾の長い白い神衣をふうわりと纏(まと)い白い布を頭に巻いた神女たちが、狭い家の庭でなにかに憑(つ)かれたように舞っていた。穏やかだが力強く、人知を超えた精霊の力によって操られているような優美で不可思議な動き。現世と彼岸を自由に行きつ戻りつする、時を超越したモノクロームの幻影。

そして、その背後から流れてくる、魂の唱和とでもいえそうな神歌。意味はまったく不明だが、心のしこりが無条件に消えていくような包容力がある。すべてはあるがままに。人間の口から発せられているはずの音声が、すっぽりと村全体を覆い尽くしてしまいそう。

　フクギ並木の道をさまよっている時に、心を鷲づかみにされるような呟きに導かれてここまできたのだが、なぜか恐れ多い感じがして立ち止まり観察しようという気にはなれなかった。連なるフクギの向こうを垣間見ながら、ゆっくりと通り過ぎるのが精一杯。

　それは、その日の午後、集落を一望できる里殿（御嶽）まで登ろうとした時のこと、登り口で草むしりをしていたオバァの態度に遠因があったのかもしれない。柔和な表情と口調で、今は登ってはいけないと告げられたのだが、居丈高な命令を凌ぐ迫力があった。恫喝ではない、神の使いとしての存在感とでもいえばいいだろうか。説明は一切なかったが、上ではよそ者が覗きみてはいけない儀式を執り行なっているところらしい、と察することはできた。
その夕べに遭遇したのが、神遊びとでもいいたいようなさきほどの光景。

　宿に戻ってから聞いたところ、今はちょうど二年に一度旧暦の四月下旬に行なわれるシマノーシ（島直し）という島で一番大切な神事の最中だとのこと。島人の安寧や五穀豊穣、大漁祈願、航海安全を祈る神事らしい。西表島祖内の節祭や竹富島の種子取祭など、画になりそうな祭りはおおよそ頭に入っていたが、シマノーシは知らなかった。祭りというより祈りの気配に満ちているので、清々しくて心地よい印象ばかりが焼きついた。

シマノーシは別にしても、渡名喜島は放っておけない島だ。那覇から二時間少々で行け、竹富島と並んで沖縄県でただ二カ所だけ指定されている重要伝統的建造物群保存地区でもあるのに、訪れる観光客は極めて少ない。そして、沖縄でもっとも小さな村でもある。それだけで、行かずにはいられない。

二〇〇一年九月に、渡名喜島の上で居座り続けた台風一六号によって未曾有（みぞう）の被害を出したと聞いていたが、その後はどうなったのだろう。

ずっと気になっていた渡名喜を久々に訪ねようと考え、ふと思った。もしかしたら、間もなくシマノーシの季節かもしれない。シマノーシは、一年おきに旧暦の四月二七日から四日間にわたって行なわれる。いつも梅雨の真っ盛りだ。調べたところ、今年は少し旅程をずらせば辛うじて重なることが分かった。無理に覗き見ようという気持ちはない。清らかなシマノーシが行なわれている時に、同じ島の空気を吸えるだけでもよかった。

台風の通り道にある村

渡名喜は山がちな島で、船で近づくとポッコリと二つの島が見え、やがてその中間が埋まって一つの島になる。そのため、別名ターマタヌシマ（二股の島）。実際二つの島だったものが、間に砂が堆積して一つになったという。集落は、その砂地の上に広がっていた。

梅雨らしくそぼ降る雨の中、砂をシャムシャムと踏み鳴らしながら、ほぼ格子状になった集落の路地を歩きまわった。新しい家が目立つ。まったくの新築というより、改築したものが多い。台風一六号は、狭い島に全半壊六〇戸、床上床下浸水九〇戸という大被害をもたらしたそうだが、その後に改築されたものらしい。

同じように古（いにしえ）の面影を残しているが、渡名喜島と竹富島ではずいぶん趣（おもむき）を異にする。竹富の場合は屋敷林よりも庭や石垣を彩る花々の方が目立つが、渡名喜の村内を歩いていて感じるのは森が深いということ。フクギを守るため拡張工事を行なわなかったという軽自動車がやっと通れるほどの路地は、昔ながら狭いままなので余計に鬱蒼（うっそう）とした印象が強いのだろう。里殿へ登る途中の展望台から村を一望すると、あふれる緑の中に屋根だけが辛うじて浮かんでいるようにみえ、森の印象は集落全体を見渡してより確固としたものになった。

もう一つ大きな特徴は、屋敷の敷地が一メートルほど掘り窪められていること。二つの山に挟まれた集落は、風向きによっては風の通り道となり、颶風（ぐふう）の勢いを倍加させる。そんな事態に備え、できるだけ軒を低くするため、わざわざ砂を運び出して家を建ててあるのだ。

路地からトントンと階段を下ると庭があり、門の正面にはソーンジャキがある。沖縄ではヒンプン（屏風）、竹富ではマエヤシなどと呼んでいる障壁で、室内が外から丸見えになるのを防いだり、家に入り込もうとする邪気を阻む役割を果たしている。

フクギの森に埋もれる民家

わざわざ窪地を作ると雨水が溜まってしまいそうなものだが、地下一〇メートルまで掘削しても砂地という砂州の上だからきわめて水はけがいい。ところが、台風一六号では一〇〇戸近くが浸水の被害を受けた。いかにとてつもない豪雨だったか、想像に難くない。

晴れ渡った空の下も快適だが、雨の集落も風情があった。樹々からは、今にも艶やかな緑が滴（したた）り落ちてきそう。直径一センチほどのロウ細工のような花が、地面にぶつかって、とん、かさっと微(かす)かな音を立てて転がる。淡いクリーム色で、開きかけた梅のような花姿。拾い上げると本物のロウ細工のようにしっかりとしていた。凛として、清楚。あちらからもこちらからも、大粒の雨のように落ちてくる。フクギの花は、親に似ず可憐そのものだった。

オバァに道を確認していたら、中学生が気持ちよく挨拶して通り過ぎた。港でもらった村内ガイドマップでは交差しているようにみえる路地も、微妙にずれていてT字路が実に多い。村の中を吹きぬける風の勢いを、少しでも和らげたいという切なる願いのあらわれだという。

屋敷を覗くと、フールの遺構を残している家をよくみた。フールとは別名豚便所ともいい、かつては沖縄全体で一般的な便所だった。端が二重構造になった便所の二階で人が用を足すと、一階で暮らしている豚が頭上から降ってくるソレを餌にして育つという、とてもエコロジカルな仕組み。もちろんソレ以外にも餌は与えたそうだが、人間の排泄物だってうまく利用すれば大切な資源になるという証(あかし)として貴重な存在だ。通りかかったオジィに聞くと、

「戦後？　いやいやもっと後まで使っていたさ。復帰の頃は、まだどこの家でも豚を飼っていたからよ。昭和五〇年代の前半？　その頃かもしれんね～。使わなくなったのは」

石垣は、かなりの家でブロック塀に変身していた。ハブが隠れやすいという理由で、失業

対策事業として改修工事を行なったのだ。石垣が残る家も大半は石塊をそのまま組み合わせた野面積みだったが、一〇軒ほどきれいに加工して隙間なく積まれている石垣もあった。一時、裕福だった家で流行った積み方だという。

初代の村長を務めた旧家ウイジョーヤーの辻で、丸い大石をみかけた。持とうとすると、ぎっくり腰になりそうなくらい重い。数十キロあり青年たちが力自慢を競った力石だが、本来は地面に叩きつけ、その地響きでヤナムン（悪霊）を退散させたというから面白い。

シマノーシの気配を求めて路地から路地へと歩きまわったが、静かに雨が降り頻るばかり。名前と並んで表札に大ヌルヤー（偉い神女の家の意）と彫ってある家の中に、白い神衣がぶら下げてあっただけ。それでも、そこはかとなく嬉しかった。

低くなったよそ者に対する垣根

翌朝六時に起きると、天気予報に反して雨が残っていた。臍を曲げながら朝食をとっていたら、俄かに雲が切れて陽が射してきた。雨の景色も悪くはないが、青空が見えると知らず足が軽くなる。昨晩は激しい雨に閉ざされてアコークローの散歩もできなかった分、せっせと路地を巡り歩こう。白砂の小道には、竹箒の掃き目がくっきりとついていた。

行き交う人と朝の挨拶を繰り返しながら集落を一巡りし、里殿を目指した。いつの間にか整備された遊歩道を登っていくと、昨日ちらっとみかけた民宿の主人が降りてきた。

「七時半といわれて魚やらなにやら持って登って待っていたのに、誰も来ない。連絡を取ろうとしたら携帯を忘れていたわけ。持っていますか〜」

貸してあげると、神女と連絡をとっているらしく大声でやりあっていたが、

「これから来るようだから、ここで待っていましょうね」

集落が見渡せる近くの四阿（あずまや）で、しばらく雑談となった。シマノーシの時に、よそ者が里殿のような聖地をうろついていても問題がないか尋ねると、

「別に、かまわんさ。今日はこれから準備をして一度家へ戻り、一二時から（祭祀を）はじめるそうですよ〜。一緒に見ていったらいいさ。午前の船で帰るって、それは残念ねぇ」

「新しい家が多いですが、あれは台風被害の影響ですか」

よほど鮮烈な出来事だったのだろう。一六号台風のことを語りだすと止まらなかった。

「ちょうどアメリカで九・一一の事件があった日ですよ、暴風圏に入ったのは。それから七二時間ずーっと。普通なら、七、八時間で通り過ぎるのに。二、三メートルしか離れていな

いものも、白くかすんで見えなくなるほどの豪雨だったさ」

重伝建地区に指定されていると、一定の決まりに則(のっと)って改築する場合、六〇〇万円を上限に九割までを国などが負担してくれる。だから六〇〇万円の個人負担で、六〇〇万円の改築ができるということ。ただし、六〇〇万円を超えた分は全額自己負担となる。

ところが、一六号台風の災害が甚大であったため、一時期上限が撤廃された。改築に二〇〇〇万円かかっても、自腹を切るのは二〇〇万円で済む。

「その時は、日ごろ渡名喜を（都会に比べると不便なので）ヤナシマグヮー（嫌な島）なんていっている島出身者まで、ずいぶん直しましたよ」

階段で敷地内へ

台風災害に際して渡名喜島は、重伝建地区に指定されていたお陰でずいぶん助かったという話を聞いたことがあったが、実情はそういうことだったらしい。しばらくすると、息を切らせながらオバァが登ってきた。肩で息をしながら三人で里殿まで辿りついてふり返ると、何かしら手にした人たちが後を追うようにぱらぱらと登ってくる。

草原に敷かれた何枚ものクバの葉は、祭祀に際して神女たちが座る場所だという。かつて石碑を作る予定だったという高い台に置かれた花束をみて、オバァは色をなした。

「あそこに花を置いたらいかんよっ。あ〜、でーじ（とっても）大変さ〜」

人が到着するにつれて、祠の前に料理や泡盛がふえてきた。

「一二時っていうのは潮の関係で、雨が降っているとか止んだとかは、まったく関係ないみたいよ〜。えー、これはどこに置いたらいいのかしら」

まだシマノーシ経験が少ないのか、心もとないことをいう人もいる。なんだか村総出で草むしりでもしているような砕けた感じ。しかし、ひとたび神装束を身に纏えば、その辺にいるオバァやアンマー（おかあさん）も、たちまち厳かな気迫に満ちるのだろう。島を去る間際になって、ありがたいことにシマノーシの濃密な気配に触れることができた。

それで十分だったはずだが、この場所でわずか三時間後に執り行なわれるという祭祀が、やはり気にかかる。一四年前にたまたま遭遇した時より、よそ者に対する垣根がかなり低くなっているようだ。次回は遠慮せずに、シマノーシをしっかりと見届けにこよう。

久高島(くだかじま)——個人で山村留学をはじめよう

大いなる意志に導かれて

琉球開闢(かいびゃく)の地とされ、対岸の世界遺産斎場御嶽(せいふぁーうたき)から祈りを捧げる神の島。昔ながらの神事や習慣が今も息づく、沖縄でもっとも霊力の高い土地。霊性に敏感な人は、島に渡ろうとするだけで頭が痛くなったり足がすくむという。

美しい貝殻を拾って持ち帰ったところ、夢のお告げで島へ戻すよう命じられたという類(たぐい)の話は、珍しくない。沖縄の友人たちと話をしていると、そんな不可解な話でも、「久高島だからよ〜」でおしまい。神様の警告に従わないと、悪いことが起きるのも常識だ。

そんな聖なる島に留学センターがある。といっても、対象は外国人ではなく日本人だ。山村留学とか海浜留学などと呼ばれ、過疎地の学校が都会の子どもたちを受け入れる形式。テレビドラマ『瑠璃の海』で知名度が高まったので、聞いたことがある人も多いだろう。

基本的な目的は、少しでも在籍する児童生徒の数をふやし、過疎化によって存続すら脅(おびや)かされる学校を維持していくこと。学校がなくなれば、子どもづれの若い家族が戻ってこようにも、教育の受け皿がなくなってしまうし、文化的行事の核も失う。

もちろん都会の子どもたちに自然豊かな島の暮らしを体験させてあげたいという思いは島人にもあるが、優先順位は明らかに学校の存続。だから、悪いというのではない。留学している子どもたちだって、自分（あるいは親）の意志で来ているのだから。それでも、やはりひっかかるものを感じる時もあった。

ところが、まず子どもありきの理想的な留学制度があり、それも坂本清治さんという個人がはじめたものだと聞いて、久高島留学センターを訪ねた。留学センターが寄宿している久高島宿泊交流館で迎えてくれた坂本さんは、穏やかながらも内に秘めた強靭な意志を感じさせる澄んだ目をしていた。

なぜ閉鎖的と思われている久高島に、それも個人で留学センターを開いたのだろう。

学生時代、日本の現状に絶望し南米に移住して農業を営もうと志していた坂本さんだが、次第に日本の過疎を解消すれば再生の道が開けると考えるようになった。「過疎地から都会へという一方通行を是正するには、山村留学が有効だと気づきました。単に教育問題だけではなく、行き詰まった社会制度を変革できるかもしれない。そこで、社会制度として山村留学を定着させることができないか、いろいろと働きかけたが結局駄目でした。それならば、個人ではじめよう。以前は相手にしてくれなかったのに、最近夏季キャンプを受け入れてくれるようになった久高島ではじめることにしたんです」

さまざまな神事が行なわれる聖地・外間殿

　子どもたちの生活の場がみつからなくて困っていた時に、ちょうど建設中だった宿泊交流館の一部を使わせてもらえることになり、どうにか一年目がスタートした。

　ぼくが訪ねたのは、二年目に入った頃。問題は山積みしていたが、やはり自分たちが自由に使える生活の場を確保することが第一だという。

その時に併せて話を聞いたスタッフの富田美江子さんの自信なげな話し方も、深く印象に残った。

ところが、一年後の初夏に訪ねた時の富田さんは、すっかり変わっていた。

そしてその秋、子どもたちと一緒にサンゴ礁の海で遊んでいた彼女は、突然襲った大波に呑まれ一人帰らぬ人となった。享年二五歳。

まるで彼女が我が身を供犠(くぎ)として神の島へ差し出したかのように、一緒に溺れかけた子どもたちは九死に一生を得た。以下は、彼女の追悼文集『ニラーハラーへの旅立ち』に収録してもらった、薄いながらもご縁のあったぼくの一文だ。


一瞬、見違えたかと思った。あまりにも表情が煌(きら)めいていたから。

しかし、顔かたちはどう見ても、トミー（亡くなった後に知った愛称だが、周囲の人にならって同じように呼ばせてほしい）だった。

わずか一年の歳月が、時にはこれほど人を変えるのか。ぼくは、圧倒される思いだった。押しつけがましくない自信が、全身からあふれている。なんと朗らかな笑顔だろう。梅雨明

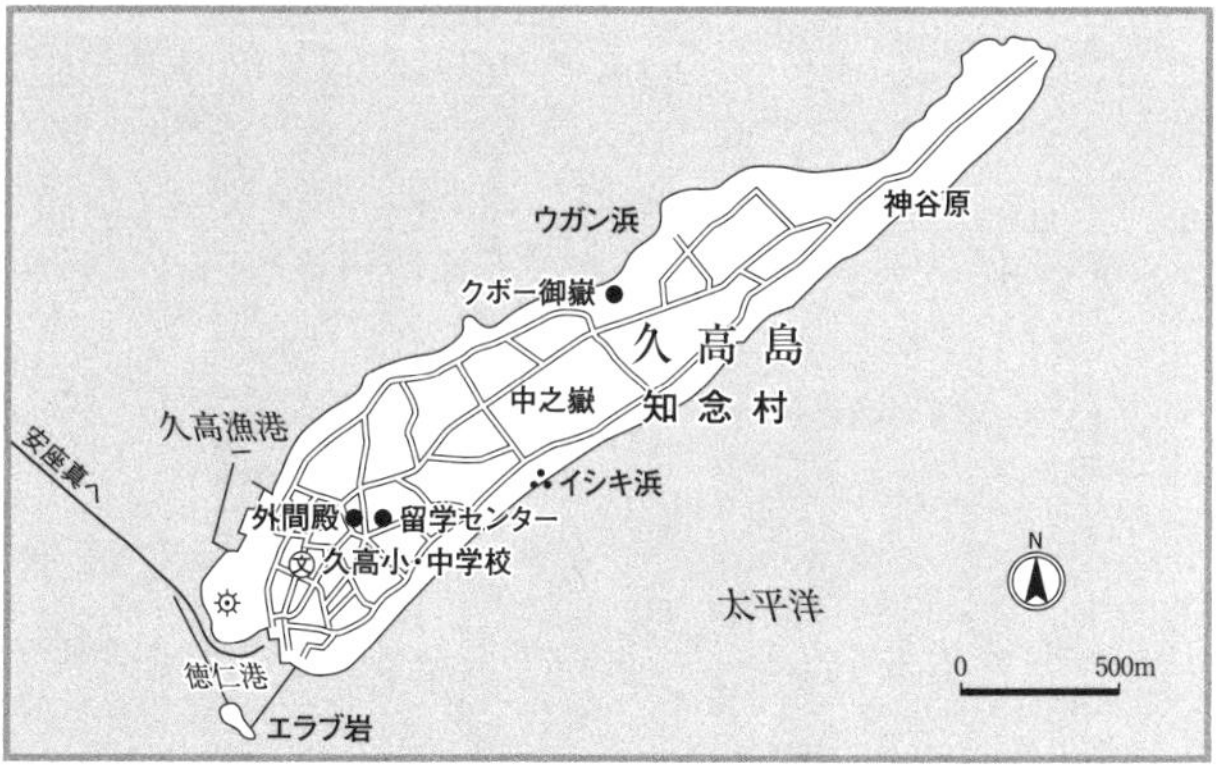

けの夏至南風（かーちーべい）が吹き抜ける沖縄の空のようだった。

トミーと初めて会ったのは、ちょうど一年前の同じ六月下旬。久高島留学センターの話を聞きにきた時、坂本清治さんに紹介されたのだ。

トミーの前任者は留学センターの仕事を天職と確信して、坂本さんとともに立ち上げに奔走したが、家の事情で去らざるをえなかった。その後に来たのが、トミーだと聞かされていた。

「今年の彼女（トミー）は、三カ月たってやっと子どもたちを怒れるようになってきた。スタッフとして育ててゆきたいが、自分がかなり痛い思いをしないと、人の心の痛みは分かるようにならないから……」

坂本さんは、久高島に住みたい一心でやってきたトミーに期待しながらも、なかなか子どもたちとなじみきれずにいることに歯がゆさを感じているようだった。

また、ついつい前任者と較べてしまうことを自戒している口調でもあった。

トミーとは二人だけで話したのだが、どことなく自信なさそうで疲れているようす。いきなり留学センターの生活について聞くと心を閉ざされてしまいそうなので、最初は島に来た経緯やトミーの故郷福井の話をして、多少なりとも寛いだ雰囲気になるのを待った。

ぼくは、福井にたびたび足を運んでいた時期があったので、ちょうど都合が良かった。全国的には知られていないが、福井の蕎麦はとても美味しく、特におろし蕎麦が旨い。そんな話をすると笑顔を見せ、やがて現在の心境を言葉少なに語ってくれた。

「集団生活の中で子どもたちがぶつかり合い、いろいろな軋轢がありドラマみたい。私自身これまでなんて気楽に生きてきたんだろうと思いました。今もまだ弱いところがあるし、みんなの前で自分を出しきれていない。でも、後悔はまったくしていません。坂本さんと出会えて、よかったと思っています」

坂本さんだけではなく、子どもたち、島人、先生などから、ことあるごとに前任者と較べられていると感じているようで、それをとても気にかけていた。

大して志のない自分なんかが、ここにいてもいいのだろうか。

心の揺らぎを隠さずに、そんなことも洩らした。

これでは、一年も続かないかもしれない。しかし、なんとかこれまでの自分を乗り越えて育ってくれれば。そんなことを思いながら、トミーと別れた。

一年後、ぼくは海人たちにスク（アイゴの稚魚）漁を見せてもらうため、再び久高島へ渡った。そして、坂本さんへ送りそびれていた記事を届けようと、久高島留学センターを訪ねた。取材時から気にかかっていた、留学生専用宿泊施設の件はどうなっているのか、確認したくもあった。

ところが、ビックリさせたいと思って連絡していなかったのが裏目に出て、坂本さんはちょうど島外に出かけたところ。そこで、別人へと生まれ変わったトミーに再会し、逆にこちらがビックリさせられたのだ。

沖縄の離島をいくつも巡って、一番心惹かれた久高島に住みたかったから、留学センターで働いている。一年前はそう語っていたトミーだが、今は天職に出会えた喜びに満たされているようだった。自分のいるべき場所（久高島）と生きている理由（留学センターの仕事）が、完全に重なり合った幸せな状態といえばいいか。

トミーは、大いなる意志によって久高島へ導かれてきた。だから、これほど成長できたとしか思えない。

久高島が、トミーの潜在力を遺憾なく発揮させてくれたのだ。
坂本さんがいれば、トミーに再会することはなかったかもしれない。輝いているトミーに会えるよう、久高島が仕組んでくれたに違いない。その後、坂本さんに電話で尋ねたところ、留学生用宿泊施設は年度内に完成する運びになったという。

トミーとの再会から四カ月たった一〇月下旬、また沖縄を訪れる機会ができた。宿泊施設建設の進捗(しんちょく)状況をこの目で確認するため、今度は予め坂本さんと約束をして久高島へ向かうことにした。その時、坂本さんは何も言わなかったが、トミーを失ったばかりで追い詰められ、疲れは極限に達していたはずだ。

トミーが、そんな坂本さんに配慮したのか。ぼくは、久高に渡ることができなかった。島へ渡る予定をしていた前日、中城(なかぐすく)をドライブ中にブレーキとアクセルを踏み間違えたクルマに後ろから追突され、救急車で病院に運ばれるという初めての経験をしたのだ。幸い大事には至らず、二、三回通院しただけで、今のところ後遺症も出ていない。

交通事故に遭ったため約束を反故(ほご)にしなくてはならないという連絡を入れた時、坂本さんに初めてトミーの死を知らされた。

澄み切った底の知れぬ青空のような笑顔が、一瞬ぼくの中で膨れ上がり弾けた。

五年という歳月が流れて

トミーの笑顔を最後に見てから、ちょうど二年たったこの六月。一年半ぶりに久高島留学センターを訪ねた。昨年四月、宿泊交流館の隣に完成した留学センター専用の建物は、広い芝生の庭に囲まれ、しっかりと地に足をつけているように見えた。

あまり口にはしないけれど、気苦労が多いのだろう。やや髪が白くなった坂本さんは、いつものように真摯な口ぶりでセンターや久高島を巡る最近の動きを話してくれた。

「自分たち専用の空間が確保できたのはよかったのですが、島のオジィやオバァとの交流の場が少なくなったのは問題ですね。以前だったら、自分の部屋に行くにも必ず誰か（交流館にいる島人）の前を通らなければならなかった。そこで挨拶したり、声をかけられたりしていやでも交流があった。しかし、ここができてセンターの敷居が少し高くなってしまったかもしれない。そこで、島の人と交流できる場としてプレハブを建てようと考えています」

また、久高島の学校の雰囲気もずいぶん変わってきたらしい。

「最近ここの学校に赴任してくる先生は、家族連れで来るようになりました。昔は、家族は本島においたままの単身赴任が多かったのに。島の学校で過ごした先生の子どもたちが、親が転任になっても逆に島へ残りたがるくらいです。この三月は、知事と県の教育長も学校を訪れ、島の子どもたちの明るさ、元気さ、態度のよさに感激して帰っていったほど。知事は教育関係者の会合で、久高島を目標に頑張るよう訓示したそうです」

久高島留学センターのもう一つの特徴は、島での自然体験を望む子だけではなく、登校拒否やイジメなどの問題を抱えた子どもも積極的に受け入れていること。ただし、親と本人に問題解決へ向けてまじめに取り組む姿勢がある場合に限るが。

坂本さんは、客観的にみて久高島の学校の評価が高まっていると言っていただけだが、留学センターの子どもたちが通うようになって五年。小中学校合わせて四六名中、留学生が一三名と三割を占める。いわば異邦人である留学生たちが、学校の活き活きとした雰囲気づくりに何らかの刺激を与えていると考えるのは、穿（うが）ちすぎだろうか。

伊江島（いえじま）――子どもたちのお世話をするのは当たり前さ

人口五〇〇〇の村に二万人

本部港（もとぶ）を出港したフェリーは、すぐに瀬底（せそこ）大橋の下を潜った。左手に白砂で縁取られた瀬底島の海岸線がしばらく続き、やがてその陰から水納島（みんなじま）が姿をみせた。後甲板から舳先（へさき）のほうへ歩いていくと、ツンと飛び出したつまみのついた巨大な鍋蓋（なべぶた）が行く手の海上に立ち塞がっている。一度見たら目に焼きついてしまう、伊江島独特の島影。あの巨人の鍋蓋を摘（つま）みあげたら、下からなにがあらわれるのだろう。

封印された戦争の記憶。底知れぬ虚無か、果てしない青に染まった絶対透明の海？

鍋蓋を眺めるうちに、思考が混乱してきてしまう。

「海洋博の開催中は、島へはほとんど観光客は来なかったね。でもその後になって、海洋博のおかげで増えたわけさ」

首を捻（ひね）っていると、おやわからんかね〜、という顔をして教えてくれた。

「海洋博にきた時は島まで来れんかったけれど、会場から見た伊江島の姿が気になって次に沖縄へきた時は行ってみたい、と思った人がたくさんいたわけ」

島人のそんな言葉が当たり前に感じられる島影が、次第に細かな表情を露（あらわ）にしてくる。

初めて沖縄に来て、初めてサンゴ礁の海を目の当たりにし、わずか三〇分とはいえ初めての船旅を体験する子どもたちも多いだろう。あるいは見知らぬ人の家で一晩お世話になる不安に、苛（さいな）まれている気弱な子もいるかもしれない。誰しもが、今ぼくが感じている以上の大きな心のうねりを秘めながら、刻々と迫ってくる島を眺めるのだろう。

最近、修学旅行で伊江島に渡る中高生が飛躍的にふえ、その大半が民泊を利用していると聞いてとても興味を惹かれた。

年間訪問者数が毎年五〇〇万人を超えるようになり、すでにブーム呼ばわりされる時代は去って、沖縄は国内有数の観光地となった。しかし、航空会社や大手旅行会社が主導権を握り、今ひとつ地元沖縄の顔が見えてこないような気がしてならなかった。

もっと生の沖縄に触れることができればいいのに。特に、感受性の豊かな子どもたちには、普通の沖縄に接してほしいと思っていたら、伊江島で民泊という話。うまくシステム化されれば、民泊こそ沖縄観光の将来を切り開いていく可能性を持っているのではないか。どんな現状なのかを確かめたくて、急遽島を訪ねることにしたのだ。

上空からみた伊江島

港の前にある伊江村観光協会で、副会長の古堅武守さんが待っていてくれた。
「なんだか、すごいことになっているそうですね。民泊の希望者がふえてふえて」
「民泊をはじめた平成一五年は、試験的に三、四校受け入れただけ。それが昨年度は、一挙に一〇〇〇名ですよ。今年は、今の時点で四〇〇〇名の予約が入っている。来年度は、もう申し込みが二万に達していて、どこまでふえていくのか恐いくらいですよ」
人口五〇〇〇ちょっとの島に、二万名はかなりの数だ。多分、今後それにもっと上積みされていくのだろう。最初に、民泊をはじめたきっかけはなんだったのか。

「旅行会社から、これからは体験だがやってみないかという提案があって、軽い気持ちではじめました。ただ、宿泊施設として許可を取ると、旅行業法、食品衛生法などいろいろ制約が多くて、民泊を受けることのできる家がなくなってしまう。そこで宿泊料はもらわずに、体験料と三食の食材費（九四五〇円）だけ前払いでもらうことにしたんです。分宿や少人数のグループ行動を認める学校がふえたことも、追い風でした」

民泊に協力している家は、農家、漁家、商家、畜産業など、さまざま。農家と農業体験だけに絞ってはいない。体験に関しても家業体験とゆるやかに括(くく)っていて、サトウキビの収穫、紅芋植えつけ・掘り取り、ヤギやポニーの世話、三線(サンシン)体験、料理体験と実に多様。

「伊江島は激戦地だったと思いますが、平和学習が主目的ではないんですか」

「入ってはいます。戦争体験をしたお年寄りには、話してほしいとも頼んでいます。ただ、一度南部で終えてから来るケースが多いので、もういいという子がいるのも事実です」

申し込みがあるのはいいが、受け入れ態勢は大丈夫なのだろうか。

「現在五〇軒ほど登録してますが、一〇〇軒までふやしたい。一軒で受け入れる修学旅行生

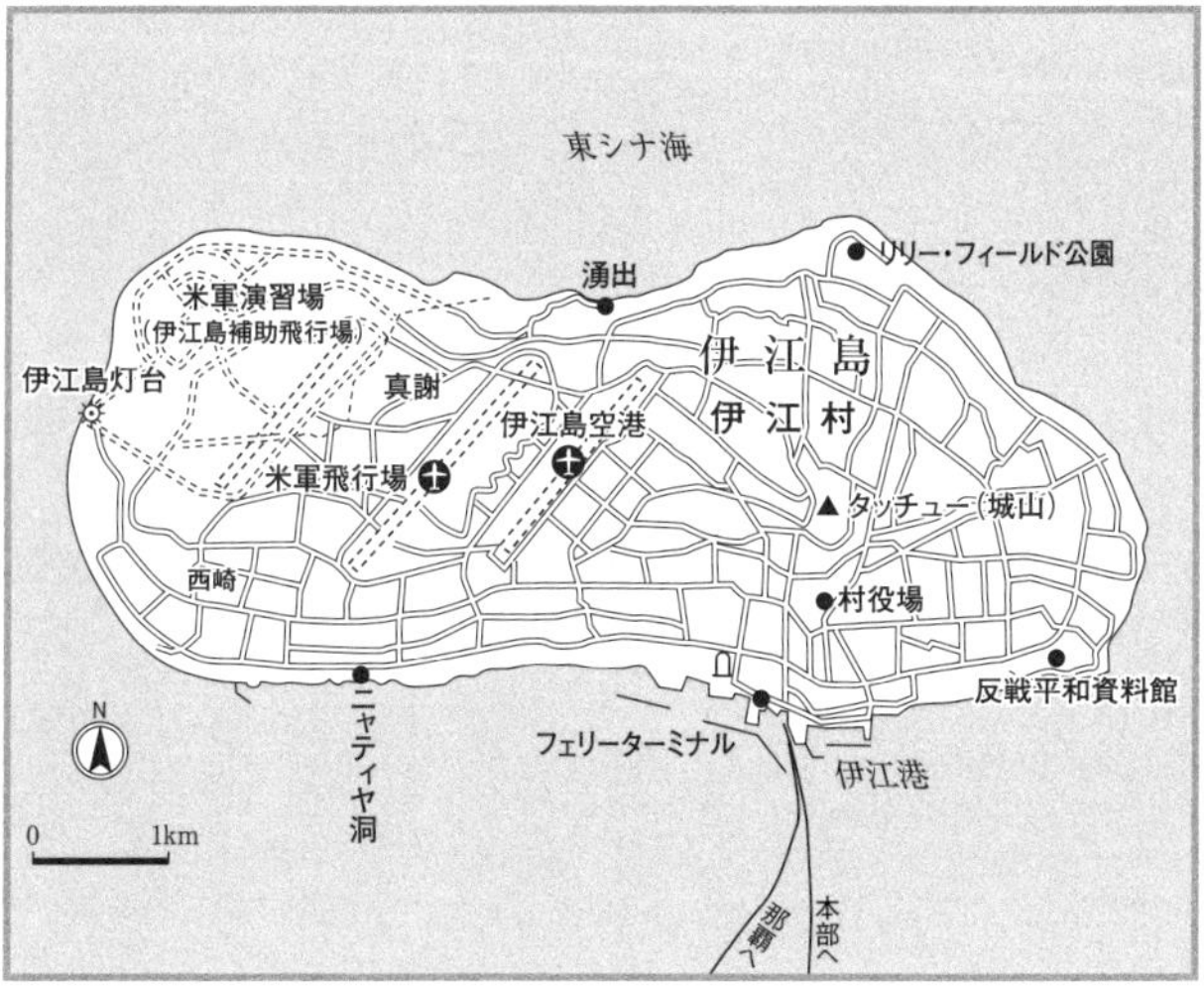

は、最大でも五名までとしています。受け入れ人数は、現状では島全体で最大二〇〇名でしょうね。島では祝儀不祝儀が多いので、登録していても泊められないこともよくあるんです」

「いろいろな子がくると思いますが、なにか問題が起きたことはないですか」

「今のところ目立ったものはないかな。茶髪にピアスなんて子もくるけれど、そんな子の方が家のオバァとすっかり仲良しになって別れる時は、涙を流して悲しんだりする。悪いことをしたら、自分の子どもだと思って厳しく叱ることもある。最終的には、伊江島で楽しい体験をした子どもたちに、リピーターになってほしい。実際、高校を卒業してからバイトしてお金を貯めて、遊びにきた子もいますよ。いずれ彼女なり彼氏と一緒に来て、その後家族旅行で来ることもあるかもしれない。民泊による修学旅行受け入れは、将来への布石です」

我々の夢は……

次回の修学旅行受け入れの説明会が終了した後、観光協会会長の山城克己さん、古堅さん、民泊部会会長小濱豊光さんたちと一杯やりながら、なぜこんなに急増しているかなどに関して忌憚のない話を聞いた。

「受け入れる土壌があったんですよ。すべて、やっているうちに気づいたんだけど。島には高校がないから中学を卒業すると、子どもたちは必然的に家を出て行かざるをえない。出て行った子どもたちは、どこかよそさまでお世話になっているわけ。ということは、島にやってきた子どもたちのお世話をするのは当たり前さ、相身互いということよ～。伊江島はけっこう大きな家が多いでしょう。でも、子どもが高校に進学すると、子ども部屋が空いてしまう。そういう意味でも泊める余裕があったわけさ」

否応ない自活を目の前にしている島の中学生たちは、都会の子どもよりもはるかに自立心が強く大人びているという。

「ふつうはよ、男の方が精神年齢が低いから、年下の女の子とつきあって釣り合いがとれるわけ。でもよ、伊江島では年上のヤマト（本土）の女性とつきあっている島の男が多いさ。女の子が自分より年上かと思っていたって。実際……」

すでにゴールインしたカップルを、みんなで口々に挙げていく。

「いや～、お世話しているつもりで、学ばされることばかりさ。民泊は奥が深いですよ～。それに、一部ではなく島経済全体への波及効果も大きいさ。島では今までにないことだけどよ、子どもたちを受け入れる日は、近くの商店の刺身や牛肉、豚肉が全部売り切れてしまうこともあるわけさ。店をやってる後輩に、先輩なにかあったのか～？　なんて聞かれますよ。でも、好調な時にこそ浮かれずに、足場を固めて行くつもり。近い将来、民泊を島の一大産業として育てて行きたいというのが、我々の夢なんですよっ」

北大東島（きただいとうじま）――ヒメタニワタリと夜空の星

ヤマト文化と琉球文化の混交地帯

一〇〇年前までは鬱蒼とした密林に覆われた無人島だった北大東島で、わずかばかり残された森にしゃがみこみ、木洩れ陽の中でかすかにふるえるつややかなヒメタニワタリを前にして、ぼくは独り満足だった。

もしかしたら、世界初の快挙ではないか。少なくとも植物学者を除いては。

北大東島の幕下（はぐした）と母島の石門（せきもん）。世界にたった二カ所、ピンポイントのように自生するシダ植物ヒメタニワタリ。その隠棲地を、わずか一年の間に踏破したのだ。

最近、中国の海南島でも同種の可能性があると思われる個体が発見されたらしいが、ぼく

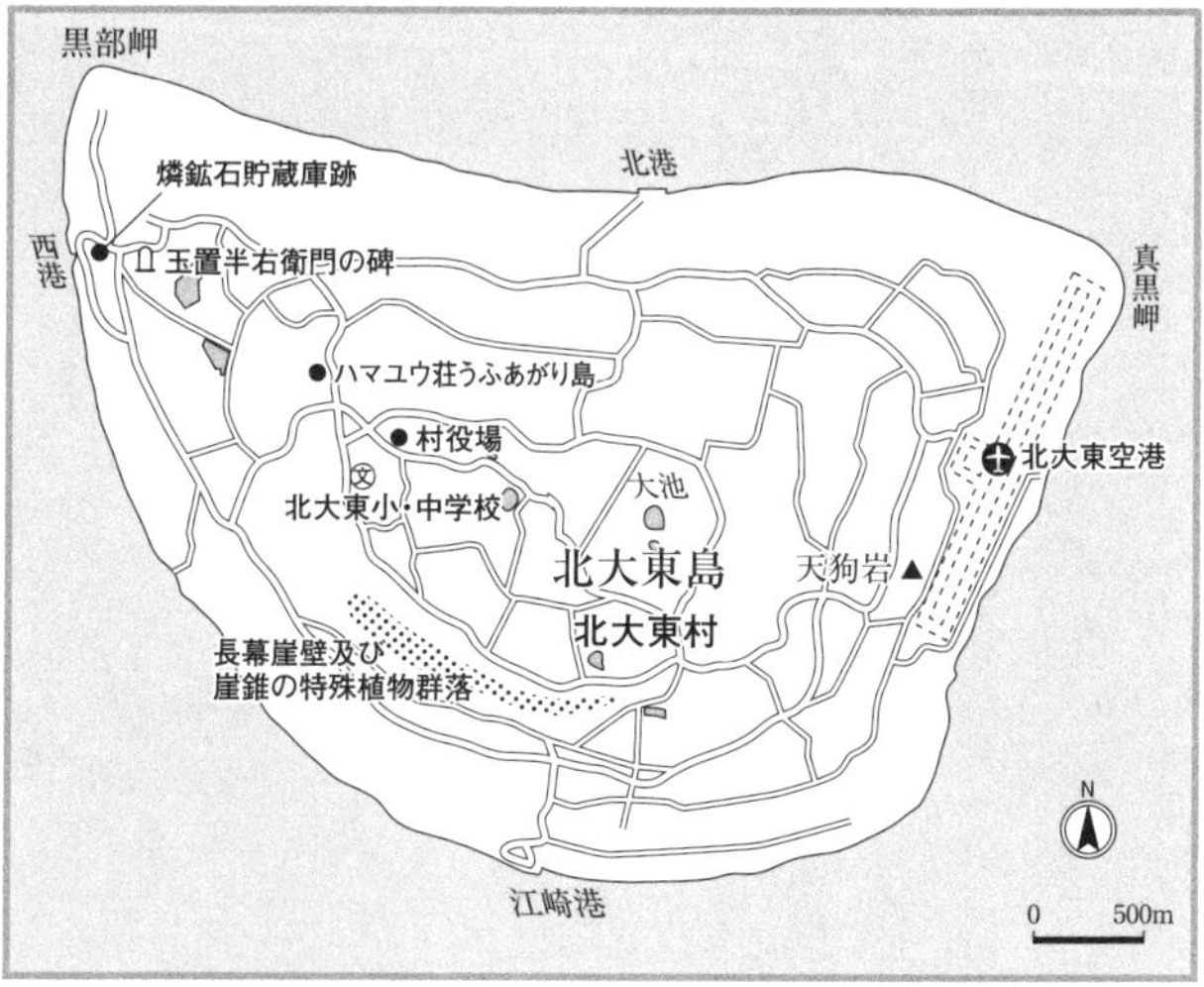

にとっては都合が悪いので臭いものには蓋。

誰かに慶事を伝えたいと思ったけれど、この壮挙を理解できる顔が思いうかばない。

簡単に説明しておくと、シダにはワラビやゼンマイのように葉が羽状に細かく分かれているものと、ノキシノブやオオタニワタリのようにつるんとした一枚の葉のものがある。名前からも推察されるようにヒメタニワタリは後者の仲間。ただし、それほど細長くはなくて下ぶくれ。

スペード形を思い浮かべてほしい。地味な植物なので、興味がなければ視野に入ってもみすごされるだろう。葉柄を含めても、トランプ一枚で覆い隠せるほどの大きさしかない。

民宿の主人にヒメタニワタリに会いたいと

相談したら、そんなものなにが面白いかね〜という顔をして、役場にいってある場所を教えてもらったらいいさ〜。

彼自身存在は知っていたが、みた（いと思った）ことはないという。

役場に行くと、急にこられても今はわかる人がいないし、と明らかに迷惑そう。予想していたとおりの反応だったので、一人で勝手に探すことにした。

サトウキビ畑の端っこに、『長幕崖壁及び崖錐の特殊植物群落』という説明板があった。長幕は一キロ以上にわたって連なる、文字通り長い幕のような崖だ。幕はハグと読み、このような地形をあらわす八丈島の言葉に由来する。

北大東島は、沖縄県にありながら隣の南大東島と並んで、明治以降東京都の八丈移民によって開拓されたという特異な歴史がある。それまでは、ダイトウビロウの原生林に覆われた無人島だった。八丈の痕跡が、地名にもしっかりと刻まれているのだ。開拓が進み燐鉱（りんこう）の採掘やサトウキビ栽培で栄えるようになると、沖縄からもたくさんの出稼ぎ労働者が渡来し定着したので、現在はヤマト文化と琉球文化の混交地帯となっている。

ちなみに、サトウキビが風に身を任せてうたた寝しているこの場所は、大昔は環礁に抱かれたラグーン（礁湖）の海底。池や湿地帯に姿を変えた海の痕跡が、今も島のあちこちに残っている。無味乾燥な容貌の長幕にも、かつては大小のテーブルサンゴや枝サンゴが密生し、多くの生き物を養っていたことだろう。北大東島は環礁が隆起してできた、離水環礁という世界的にみても珍しい地形だという。

燐鉱関連施設の遺跡（右）が残る

現在ぼくの頭上に広がっているのはひたすら青い空だが、この凹地もエメラルドグリーンの澄みきった水とゆらめきながら射しこむ熱帯の陽光に満たされていたに違いない。そして、色とりどりの熱帯魚がソフトコーラルと戯れ、サメやマンタやウミガメも遊びにきたことだろう。そう思いながら大空を仰ぐと、丸っこい雲はアオウミガメと化し、飛び去る小鳥は熱帯魚に変身して、まるで龍宮城のような趣をみせる。

天と地と海と時のあわいにたたずみながら長幕を凝視して、胸の中で姿をみせてくれと呼びかけた。人によっては頭痛がするほど霊気が立ち籠める場所ですらなにも感じないような鈍なので、ちっとも応えがない。

それでも、なんとなくあの辺が匂うなという場所があった。母島で見合いを果たしたばかりだったので、視野の中に入りさえすれば見落とすことはないだろう。母島で出会った環境に類似した場所を探索すること、一〇分足らず。

やぁ、いらっしゃい。みつかっちゃったね。

そんなさりげない表情で、ヒメタニワタリが姿をみせてくれた。

おおっ！　よくぞ出会えたなー、と大袈裟に感動するぼくに対し、そういわれてもいつもここにいるのに、と冷静沈着を崩さない。

小さいのに大人の風格すら漂う。

やっとみつけたヒメタニワタリ

深みをおびたきれいな緑色。つややかな葉にふれたくなる欲望を抑え、飾り気はないけれど清楚で麗しい容姿をじっくり堪能したうえで、記念撮影した。

感動の波が去った後、さまざまな音と匂いがゆるやかに渦まくサンゴの岩だらけの森にしゃがんで、孤独な偉業をかみしめる。静かな礁湖の底で、貝殻の間から外套膜をだらしなくはみだしながらまどろんでいるシャコガイのように幸せな気分だった。

宿にもどってからこの話を自慢げにしたら、主人は疑わしそうな目つきでいった。

「島に住んでいるぼくも、まだみたことないのにさ〜。ニイさんにわかったかね〜。違うものと勘違いしたかもしれんさ〜」

偶然の連鎖？

夜になって星ふる空のもと、余韻を楽しみながら独り泡盛を酌んだ。

それにしても、なぜ北大東島と母島の二カ所にしかいないのか。北大東と南大東だけとか、母島と父島だけというならまだわかる。いくら隣同士といっても、途中には陸地がまったくない太平洋がただただ広がっているだけなのだ。

両島とも一度も大陸とは陸続きになったことのない海洋島で、大海の孤児同士。南北大東島は、約五〇〇〇万年前、現在のニューギニア近くで生まれ、プレートに乗ってここまで流れてきたという。人類なんて影も形もない時代の話。

両島の間に、ヒメタニワタリが繁る幻の大陸があったというのはどうか。そんな妄説はさすがにきいたことはないし、いくらかわいいからといって、小さなシダのためにヒメタニ大陸をでっち上げてしまうのはまずいだろう。

では……と考えて、閉めてしまっていた蓋をあけてみた。

中国の海南島でヒメタニワタリらしきシダが発見された、というあの話。

あそこがヒメタニワタリ発祥の地だとしたら、どうなるか。

やや南だが西にある。といえば、偏西風か。偏西風は気まぐれに波打ちながら吹いている

というから、真西でなくとも問題はない。

しかし、高度一〇キロを超す成層圏を吹く風に、ヒメタニワタリの胞子が乗れるものだろうか。仮に乗ったとしても、とんでもない低温の上に酸素も希薄なはず。そんな環境で生きのびることができるのか。胞子や種子は、かなり過酷な環境に耐えられるというから、短時間なら大丈夫だろう。そう決めつける。

大昔、海南島の森の中にひそやかに生まれたヒメタニワタリの胞子が、台風のような強い風や壮大な入道雲をつくりだすような激しい上昇気流によって、とうとう成層圏にまでたどりついてしまった。季節は冬。時速三〇〇キロを超える偏西風が吹きすさび、ほこりのような胞子はひとたまりもなく巻きこまれ、あれよというまに北大東島の上空に達していた。

海南島と北大東島を隔てる距離は、わずか二〇〇〇キロ。数時間でついてしまうことになる。たまたまジェット気流から解放された胞子は、無事島の上に着陸。ヒメタニワタリは隆

起サンゴ礁のようなサンゴ起源の岩場が好きなようだから、ぴったりの土地だった。そして、少しずつ仲間をふやしていった。同じとき、あるいはまったく別の機会に同様の事件がおきて母島に落下した胞子もあったことだろう。

勝手にヒメタニワタリ渡来説を組み立てながら、思った。それにしてもなんという偶然の連鎖。何千年に一回、あるいは何万年、何十万年に一回しか起こらない奇跡だ。

しかし、考えようによっては、人間はせいぜい一〇〇年くらいしか生きないからそんなふうに感じるけれど、これまで地球が生きてきた時間からすればしばしば起こることなのかもしれない。空では、うるさいほどの星がまたたいていた。

多くの星のまわりに惑星があり、地球のような生命あるいは酸素なんて必要としない未知の命が宿り、同じようなことが繰り返されているのだろう。

あの星の輝きだって、何億年も前のものかもしれない。ヒメタニワタリと夜空の星を肴（さかな）に、飲みすぎてしまいそうだった。

沖縄の世界遺産

日本ではこの10年ばかり俄かに全国的な注目を浴び、ある種ブランド化している世界遺産が、沖縄にもある。2000年12月『琉球王国のグスク及び関連遺跡群』として登録された、沖縄本島の九カ所。登録名を考えた人はそれぞれの物件や関連を熟知しているはずだが、知らない人は戸惑うだろう。

姫路城、京都、厳島神社、法隆寺、日光、原爆ドームなどのように、ポイントが絞られていないのでイメージが湧きづらい。改めて、琉球世界遺産の魅力を整理してみよう。

第一のポイントは、日本国ではなく琉球王国ということ。沖縄は、15～19世紀にかけての約450年間にわたって独立した国家で、その間独自の文化も発達させてきた。世界遺産登録は、今は亡き琉球王国を顕彰する意味もあるのだろう。

第二のポイントは、聞きなれないグスク。グスクに漢字を当てると「城」。実際城壁のような石垣が築かれている場所も多いが、元々は丘の上にできた集落や聖地で、沖縄が統一されていく過程で城砦の要素を強めていった。グスクの頂点に君臨するのが、近年忠実に復元され今も補完工事が続く首里城。

第三のポイントは、沖縄が統一に向かう中で有力豪族によって建造された中城城跡、座喜味(ざきみ)城跡、勝連(かつれん)城跡、今帰仁(なきじん)城跡のグループと、沖縄統一をなしとげ東アジアに冠たる海洋国家となった琉球王国の面影を伝える首里城、園比屋武御嶽石門(そのひやんうたきせきもん)、玉陵、識名園(しきなえん)、斎場御嶽のグループに、大きく二分されること。

巧みな外交、優れた航海技術、進取の気性で大交易時代と呼ばれる一時代を築き、尚泰久(しょうたいきゅう)王に「万国津梁＝世界の架け橋」の国と言わしめた琉球王朝の歴史に、想いを馳せてほしい。

あとがき

沖縄や奄美の島々に通うようになって、三〇年が経った。

その間、島々はさまざまな面で大きく変貌した。自分なりの沖縄・奄美を一度まとめておきたいと考え、久しく訪ねていなかった島々や村を歩きはじめて間もなく、光文社新書の小松現さんから、『日本《島旅》紀行』に続いて南の島で一冊作ろう、と声をかけられた。

刊行まで時間はあまり残されていなかったが、区切りをつける絶好の機会と思い、短期間に多くの島々を巡り直し、どうにか一冊にまとめることができた。書き残しておきたい昔の話もたくさんあったが、今回は沖縄と奄美の『今』を中心にすえている。

贔屓（ひいき）の引きたおしで、ついつい南の島々＝楽園のような書き方をした点も多い。沖縄や奄美は、楽園という顔をもっていることは紛れもないが、楽園は風土が作ってくれるものではない。由布島の西表正治オジィではないけれど、楽園はあくまで人間が努力して作りあげるもの。それも一人の力には限界があるので、周囲の人々との協力が欠かせない。

最近、ますます南の島への移住希望者がふえている。移住して楽しい暮らしをしている人たちを紹介するテレビ番組や雑誌の記事も、氾濫している。しかし、自分が夢想した楽園と実生活との落差に失望して、「楽園」を去っていく人も数限りない。いくら南島の人が優しくても人間同士、当然軋轢も生じる。楽園は、努力と妥協と忍耐の産物でもあるのだ。

結果的に、ダイビング、リゾートライフ、ナイトライフ、ショッピング、アロマ&エステなど、人気が高い横文字系の楽しみにはほとんど触れなかった。それでも、独断と偏見に富んだ南島の本が一冊できてしまうのだから、沖縄と奄美の島々の底力は計りしれない。

これを折り返し地点として、あと三〇年は元気で沖縄・奄美に通い続けたい。

本書は、原稿執筆にとりかかろうとしていた三月三一日に、四七歳の若さで南の島よりもはるかに遠い場所へ旅立った、ただ一人の弟・斎藤朗に捧げたい。

二〇〇五年六月　小岩井農場からもどった翌朝、船橋市の自宅にて

斎藤　潤

環礁が隆起してできた島で、中央部は盆地のように窪んでおり、大小 20 数個の沼や湿地が散在している。盆地の周りを屏風のように連なる小高い丘が取り囲み、防風壁として島を台風などの災害から守ってきた。

所在地／島尻郡北大東村

アクセス／那覇空港から北大東空港へ 1 時間 10 分、1 日 1 便。那覇泊港からフェリー「だいとう」で北大東島へ約 13 ～ 16 時間、週 1 ～ 2 便。

窓口／北大東村役場☎09802-3-4001

URL ／ http://vill.kitadaito.okinawa.jp/

が、観光開発されずに自然がそのままに残る。
所在地／島尻郡渡名喜村
アクセス／那覇泊港から久米島行きフェリーで渡名喜港へ2時間15分、1日1～2便。3月～11月の金土だけ2便になる。
窓口／渡名喜村役場●098-989-2002・2317・2066
URL／http://www.vill.tonaki.okinawa.jp/

◆久高島（くだかじま） p.207
知念岬の東海上約5.3キロにある周囲7.8キロの島。神話と伝説、素晴らしい自然環境に恵まれている。琉球の始祖アマミキヨが最初に天から舞い降りて、五穀をもたらし国造りをした島として、古くから崇敬を集めてきた。島内には、琉球七御嶽のひとつクボー御嶽をはじめ、カベール御嶽、島の2大祭祀場となっている外間殿や久高御殿庭など、多くの聖域が点在する。
所在地／島尻郡知念村
アクセス／安座真港からフェリーで徳仁港へ20分、1日2便。安座真港から高速船で徳仁港へ15分、1日4便。
窓口／知念村役場●098-948-1311
URL／http://www.vill.chinen.okinawa.jp/

◆伊江島（いえじま） p.217
沖縄本島北部、本部半島の北西約9キロにある。イージマタッチューの名で親しまれている標高172メートルの城山（ぐすくやま）がそびえ、特徴的な景観を見せる。沖縄戦における激戦地の一つとなり、2000人の守備隊が全滅、1500人の住民も犠牲となった歴史がある。島の西部は米軍演習場で立ち入り禁止となっている。ダイビングの島としても有名。
所在地／国頭郡伊江村
アクセス／那覇泊港から高速艇で伊江港へ1時間15分、1日1便。本部港からフェリーで伊江港へ30分、1日4便。那覇空港から伊是名島行きセスナで伊江島空港へ25分、1日2便（要予約）。
窓口／伊江村観光協会●0980-49-3519
URL／http://www.iekanko.jp/index1.php

◆北大東島（きただいとうじま） p.224
沖縄本島の東方約360キロに位置し、沖縄でもっとも早く朝陽が昇る島。気候は亜熱帯海洋性気候に属し、1年を通して暖かい。珊瑚

〜19便。石垣島・離島桟橋から高速船で船浦港へ40分、1日8〜11便。石垣島・離島桟橋から高速船で上原港へ40分、1日5〜8便。
窓口／竹富町観光協会●0980-82-5445
URL／http://www.painusima.com/

◆小浜島（こはまじま）　p.173
西表島の東約2キロ、マンタウェイとも呼ばれるヨナラ水道をへだてて位置する島。1771年の「明和の大津波」のあと、石垣島へ320人が移住させられた歴史がある。NHK朝の連続ドラマ小説『ちゅらさん』で一躍メジャーになった。中でもドラマでも登場したシュガーロードは代表的。他にも古波蔵荘など、さまざまなドラマスポットがある。
所在地／八重山郡竹富町
アクセス／石垣島・離島桟橋から高速船で小浜島へ25分、1日16〜18便。
窓口／竹富町観光協会●0980-82-5445
URL／http://www.painusima.com/

【第五章　沖縄本島と周辺の島々】　p.189

◆備瀬（びせ）　p.190
海洋博記念公園近くの備瀬地区は碁盤の目のように区画した村落で、約250戸ある住宅のほとんどは繁茂したフクギの屋敷林に囲まれている。このフクギは沖縄でも古くから防風林として用いられ、特に海の近くにある集落の屋敷の周りには多く植えられた。
所在地／本部町備瀬
アクセス／沖縄自動車道許田ICより国道58号線経由、本部町方面へ45分
窓口／本部町役場●0980-47-2101
URL／http://www.town.motobu.okinawa.jp/

◆渡名喜島（となきじま）　p.197
那覇市の西北西約58キロにある。北に粟国島、南に慶良間島、西に久米島を望み、これらの島々を結んだ三角形のほぼ中央に位置する。島の南北端が山地、その間に低地が広がる。人が住むようになったのは約3500年前といわれ、琉球王朝時代には、絹糸の貢納のため、養蚕が発達した。現在は漁港や道路の整備が行なわれている

◆喜界島（きかいじま）　p.139
鹿児島から南へ383キロ、奄美大島の東25キロにある周囲48.6キロの隆起サンゴ礁の島。島のあちこちにみられるサンゴの石垣に囲まれた集落は、落ち着いたたたずまいをみせ、平家一族、源為朝、僧俊寛、村田新八などのゆかりの地も多く、伝説と民話に彩られている。
所在地／鹿児島県大島郡喜界町
アクセス／鹿児島本港北埠頭から徳之島・沖永良部島行きフェリーで湾港へ11時間10分、週5便。奄美大島・名瀬新港からフェリーで湾港へ2時間10分、週5便。鹿児島空港から喜界空港へ1時間15分、1日2便。奄美空港から喜界空港へ20分、1日3便。
窓口／喜界町役場●0997-65-1111
URL ／ http://www.minc.ne.jp/kikai/

【第四章　八重山の島々】　p.147

◆竹富島（たけとみじま）　p.148、157
石垣島の西方約6キロ、サンゴ礁に囲まれた小島。島全域が西表国立公園に指定されている。島の集落には、昔ながらの赤瓦屋根の家並みが保たれ、国の町並み保存地区となっている。琉球民謡「安里屋ユンタ」の発祥の地であり、集落の美しさはもっとも沖縄らしい島と讃えられる。毎年秋に国指定重要無形民俗文化財の種子取祭が島の人たち総出で行われる。
所在地／八重山郡竹富町
アクセス／石垣島・離島桟橋から高速船で竹富島へ10分、1日36便。
窓口／竹富町観光協会●0980-82-5445
URL ／ http://www.painusima.com/

◆西表島（いりおもてじま）　p.166
石垣島の西30キロにある。県内では沖縄本島に次ぐ大きさで、標高470メートルの古見岳をはじめ、亜熱帯原生林に覆われた300～400メートルの山々が連なっている。東洋のガラパゴスとも呼ばれる。イリオモテヤマネコ、セマルハコガメ、サキシマスオウノキなど天然記念物や稀少生物の宝庫。
所在地／八重山郡竹富町
アクセス／石垣島・離島桟橋から高速船で大原港へ35分、1日18

のガラパゴスといわれ、特別天然記念物をはじめとする島固有の動物やマングローブ、原生林群は圧巻。
所在地／鹿児島県名瀬市・大島郡龍郷町・笠利町・大和村・住用村・宇検村・瀬戸内町
アクセス／羽田空港から奄美空港へ2時間10分、1日1〜2便。伊丹空港から奄美空港へ1時間30分、1日1便。鹿児島空港から奄美空港へ50分、1日4便。
窓口／奄美大島観光物産協会（名瀬市役所内）●0997-52-1111
URL ／ http://www.city.naze.kagoshima.jp/

◆与路島（よろしま） p.121
加計呂麻島の南に続く請島の西方4キロに位置し、総面積の90パーセントが山林で占められている奄美唯一の1島1集落の島。平家伝説にちなむ遺跡や、昔、死刑囚を処刑したという悲しい歴史を刻む三丁落鼻の絶壁がある。また、昔ながらのサンゴの石垣が貴重な文化遺産として残っている。
所在地／鹿児島県大島郡瀬戸内町
アクセス／奄美大島・古仁屋港から旅客船で請島経由、与路港へ1時間17分、1日1〜2便。
窓口／瀬戸内町観光協会●0997-72-1111
URL ／ http://www.amami-setouchi.org/

◆加計呂麻島（かけろまじま） p.129
奄美大島の南部、瀬戸内町の南に横たわる大島海峡を挟んで奄美大島と向かい合っている島。総面積の95パーセントが林野で占められており、耕地面積は1.6パーセントにすぎない。作家の島尾敏雄が戦争中、特攻隊の指揮官として呑之浦に駐屯し、出撃を待ちながら敗戦を迎えたとして、その極限の体験が島尾文学の礎となったと言われている。
所在地／鹿児島県大島郡瀬戸内町
アクセス／奄美大島・古仁港からフェリーで瀬相港へ25分、1日4便。古仁港からフェリーで生間港へ20分、1日3便。古仁港から渡船で知之浦港経由、芝港へ40分、1日1便。古仁港から久慈行き渡船で武名・木慈・瀬武経由、薩川へ1日1便。
窓口／瀬戸内町観光協会●0997-72-1111
URL ／ http://www.amami-setouchi.org/

財宝が眠っているという伝説もあり、今なお神秘の島として知られている。
所在地／平良市
アクセス／宮古島・島尻漁港から大神漁港へ15分、1日5便。
窓口／宮古観光協会●0980-73-1881、平良市役所●0980-72-3751
URL／http://www.miyako-guide.net/（宮古観光協会）、http://www.city.hirara.okinawa.jp/（平良市役所）

◆池間島（いけまじま）　p.84
宮古島世渡崎の北西約2キロにある馬蹄形の島。沿岸漁業を中心とした県下でも代表的な漁村。「池間海人」の名はこの地方でことに著名。平成4年、宮古島との間に池間大橋が開通。島内には拝所も多く、代表的な祭祀として「ユークイ」（世乞）や「ミャークヅツ」（豊穣祈願）が伝えられ、民俗芸能の盛んな島である。
所在地／平良市
アクセス／宮古島平良からバス、池間一周線で大浦・南静園・島尻・狩俣経由、池間へ35分、1日7～8便。
窓口／宮古観光協会●0980-73-1881、平良市役所●0980-72-3751
URL／http://www.miyako-guide.net/（宮古観光協会）、http://www.city.hirara.okinawa.jp/（平良市役所）

◆下地島（しもじしま）　p.92
隆起サンゴ礁の島。隆起が繰り返されて、今の入江部分が沈み、伊良部島と離れたが、現在は6つの橋で結ばれている。昭和47年に我が国唯一のジェットパイロット訓練飛行場建設のために全島が県に買い上げられ県有地となっている。
所在地／宮古郡伊良部町
アクセス／伊良部島と6橋で結ばれている。
窓口／伊良部町商工観光課●0980-78-6265
URL／http://www.rik.ne.jp/Town-irabu/

【第三章　奄美の島々】　p.111

◆奄美大島（あまみおおしま）　p.112
鹿児島から南へ約380キロに位置する。日本の他の島々と比べても異様に複雑な形をしており、リアス式海岸も見られる。北部ではサトウキビ栽培、南部は果物栽培や養殖業が盛ん。常夏の島で、東洋

【第二章　宮古の島々】 p.59

◆宮古島（みやこじま） p.60、p.101
沖縄本島から南西に約310キロ、隣の石垣島までは東北東に約133キロの距離にあり、北東から南西へ弓状となっている島。地形は島全体がおおむね平坦で低い台地をなし、地層はほとんど隆起サンゴ礁の琉球石灰岩で形成されている。海岸線は変化に富んだ地形をなし、海浜やリーフが発達して特徴ある自然景観を作っている。
所在地／平良市・宮古郡城辺町・下地町・上野村
アクセス／羽田空港から宮古空港へ3時間、1日1便。関西空港から宮古空港へ2時間25分、1日1便。那覇空港から宮古空港へ45分、1日10～13便。石垣空港から宮古空港へ25分、1日3便。那覇新港から石垣島行き客船で平良港へ9時間、週2便。那覇新港からフェリーで平良港へ8時間15分、週2便。
窓口／宮古観光協会●0980-73-1881
URL／http://www.miyako-guide.net/

◆多良間島（たらまじま） p.67
宮古島の西方約67キロ、石垣島の北東約35キロの海上に位置し、琉球王国が中継貿易で栄えた中世には、沖縄本島と宮古、八重山地域を結ぶ航海上の要所だった。基幹産業は農業で、サトウキビを中心に野菜、葉たばこ等の農作物が栽培されている。琉球王朝文化の流れをくむ豊年祭「八月踊り」は、今や多良間島でしか観られない組踊りが奉納されるとあって注目を集めている。
所在地／宮古郡多良間村
アクセス／宮古島・平良港からフェリーで普天間港へ2時間20分、1日1便。宮古空港から多良間空港へ20分、1日2便。石垣空港から多良間空港へ25分、1日1便。
窓口／多良間村役場●0980-79-2011
URL／http://www.vill.tarama.okinawa.jp/

◆大神島（おおがみじま） p.76
宮古島の北部、平良市島尻の漁港から約4キロにあり、周囲約2キロの島。古くから宮古諸島に暮らす人たちの崇拝を集める「神の島」とされ、現在も集落以外の多くの場所は聖域とされ、立ち入りが禁じられている。秘祭と呼ばれる「祖神祭」も、島民しか参加することができず、島外の人々は見ることすら許されない。海賊キッドのにも唄われている。
所在地／八重山郡竹富町
アクセス／石垣島・離島桟橋から西表島上原港行き貨客船で鳩間港へ2時間10分、週3便。石垣島・離島桟橋から西表島上原港行き客船カーフェリーで鳩間港へ1時間50分、週3便。西表島上原から郵便船に便乗させてもらう手もある。
窓口／竹富町観光協会●0980-82-5445
URL／http://www.painusima.com/

◆波照間島（はてるまじま）　p.38
石垣島から南西63キロの、日本最南端の有人島。かつて島で人頭税に苦しめられていた住民40人が、税吏の手の届かない幻の島・南波照間へ一夜のうちに旅立ったという伝説がある。この島は緯度が低いため、本州で見ることのできない星座が観測でき、口径200mm屈折式望遠鏡を備えた星空観測タワーが人気をよんでいる。
所在地／八重山郡竹富町
アクセス／石垣島・離島桟橋から高速船で波照間港へ1時間、1日6便。石垣島・離島桟橋からフェリーで波照間港へ2時間、週3便。石垣空港から波照間空港へ25分、1日1便。
窓口／竹富町観光協会●0980-82-5445
URL／http://www.painusima.com/

◆石垣島（いしがきじま）　p.47、p.179
那覇から410キロ、日本列島・琉球弧の南端にある島。沖縄県の最高峰・於茂登岳（526メートル）の南側に広がり、北部には20キロにわたる半島が連なっている。北緯24度線は、世界のリゾートベルト地帯と呼ばれるアメリカのマイアミ・バハマ・ハワイのホノルルなどと同じ線上に位置し、年間を通して温暖な海洋性亜熱帯気候に恵まれている。
所在地／石垣市
アクセス／羽田空港から石垣空港へ3時間15分、1日2便。関西空港から石垣空港へ2時間15分、1日2便。那覇空港から石垣空港へ55分、1日14～17便。宮古空港から石垣空港へ30分、1日2～3便。那覇新港から客船で宮古島経由、石垣港へ16時間、週1便。
窓口／石垣市役所●0980-82-9911、石垣市観光協会●0980-82-2809
URL／http://www.city.ishigaki.okinawa.jp/（石垣市役所）、http://www.yaeyama.or.jp/（石垣市観光協会）

【本書に掲載した島のデータ一覧】

※本データは『シマダス』および各市町村の資料を参考にしました。
※データは原則として2005年7月現在のものです。
※船・飛行機・徒歩などの所要時間は目安です。運航ダイヤ・便数などは変更されることがあります。利用の際にはあらかじめ必ずご確認下さい。

【第一章　八重山、その果てへ―― 】 p.11

◆与那国島（よなぐにじま）　p.12
那覇から509キロ、台湾の蘇澳港からは約111キロという、日本最西端の国境の島。断崖絶壁に囲まれた絶海の孤島ゆえ、昔は呼び名のドゥナンに「渡難」とあてるほどだった。久部良港のカジキマグロ漁や、アルコール度数の高い花酒、ポニーよりも小柄な与那国馬が有名。近年は「海底遺跡」が伝説のムー大陸の神殿跡ではないかと話題をよんでいる。
所在地／八重山郡与那国町
アクセス／石垣港・離島桟橋からフェリーで久部良港へ4時間30分、週2便。那覇空港から与那国空港へ1時間30分、週3便。石垣空港から与那国空港へ30分、1日2便。
窓口／与那国町観光協会●0980-87-2402

◆由布島（ゆぶじま）　p.20
西表島東岸の美原集落の東500メートルにある。干潮時に徒歩か水牛車に乗って渡ることができる。島全体が亜熱帯の植物園になっており、ヤシ、パパイヤ、ハイビスカスなど色鮮やかな植物と小動物たちが出迎えてくれる。
所在地／八重山郡竹富町
アクセス／西表島美原から干潮時に徒歩か、水牛車で渡島。
窓口／竹富町観光協会●0980-82-5445
URL／http://www.painusima.com/

◆鳩間島（はとまじま）　p.29
西表島の北5キロ、竹富町の最北に位置する島。島のほぼ中央にある小高い丘に鳩間島のシンボル、白い灯台がある。ここから西表とその間の海を眺めた景色はまさに絶景で、「鳩間節」の名で有名な民謡（鳩間では「鳩間中森（はとまなかむり）」と呼ばれている）

斎藤潤（さいとうじゅん）
1954年岩手県盛岡市生まれ。東京大学文学部露文科卒業。月刊誌「旅」、旅行情報誌の編集に携わった後、独立してフリーランスライターに。テーマは、旅、島、食、農林漁業など。著書に『日本《島旅》紀行』（光文社新書）、主な共編著に、『沖縄いろいろ事典』（新潮社）、『島・日本編』（講談社）、『好きになっちゃった屋久島』『好きになっちゃった小笠原』（以上、双葉社）、『諸国そばの本』（ＪＴＢ）などがある。

沖縄(おきなわ)・奄美(あまみ)《島旅(しまたび)》紀行(きこう)

2005年7月20日初版1刷発行

著　者 —— 斎藤潤
発行者 —— 古谷俊勝
装　幀 —— アラン・チャン
印刷所 —— 堀内印刷
製本所 —— 明泉堂製本
発行所 —— 株式会社光文社
東京都文京区音羽1　振替 00160-3-115347
電　話 —— 編集部 03(5395)8289　販売部 03(5395)8114
業務部 03(5395)8125
メール —— sinsyo@kobunsha.com

ISBN 4-334-03316-4

196
人生相談「ニッポン人の悩み」
幸せはどこにある？
池田知加
「夫が浮気をしています」「妻から『離婚したい』と突然言われました」「一千万も何に使ったのか、自分でも分かりません」……。生きた声から浮かび上がった「幸せの形」。

197
経営の大局をつかむ会計
健全な"ドンブリ勘定"のすすめ
山根節
会計の使える経営管理者になりたかったら、いきなりリアルな財務諸表と格闘せよ。経理マン、会計士が絶対に教えてくれない経営戦略のための会計学。

198
営業改革のビジョン
失敗例から導く成功へのカギ
高嶋克義
企業が一度は取り組むものの、挫折することの多い営業改革。本書は、実際の企業への取材を通して、失敗原因のプロトタイプをあぶり出し、成功へ導くポイントを探る。

199
日本《島旅》紀行
斎藤潤
海がきれい。空気がきれい。都会に疲れた。静かな所で過ごしたい。誰も知らない島へ——。北の島から南の島、なにもないのにもう一度行きたい島まで、島旅にハマる。

200
「大岡裁き」の法意識
西洋法と日本人
青木人志
日本人にとって法とは何？　法はそもそもわれわれの法意識に合ったものなのか？　司法改革が突き進むいま、長い間法学者の間で議論されてきたこれらの問題を、改めて問い直す。

201
発達障害かもしれない
見た目は普通の、ちょっと変わった子
磯部潮
脳の機能障害として注目を集める高機能自閉症やアスペルガー症候群を中心に、発達障害の基礎知識とその心の世界を、第一線の精神科医が、患者・親の立場に立って解説する。

202
強いだけじゃ勝てない
関東学院大学・春口廣
松瀬学
大学選手権八年連続決勝進出、うち五回の優勝を誇る関東学院大学ラグビー部。名将・春口廣は、いかに無名校を強くし、伝統校の壁を乗り越えたのか。緻密な取材でその秘密に迫る。

203
名刀 その由来と伝説
牧秀彦

誰の手に渡り、何のために使われたのか？ ヤマトタケルの遺愛刀から源平合戦の剛刀・利刀、そして徳川将軍家の守り刀に至るまで、五十振りの「名刀」に息づくサムライたちの想いをたどる。

204
古典落語CDの名盤
京須偕充

長年、圓生や志ん朝など、数多くの名人のLP、CD制作に携わってきた著者による体験的必聴盤ガイド。初心者から上級者まで、これ一冊あれば、一生「笑い」に困らない！

205
世界一ぜいたくな子育て
欲張り世代の各国「母親」事情
長坂道子

「なんでも手に入れたい世代」の女性達が、子供を産む時代になった。欧米諸国の今どきの母親達を取材した著者が、各文化に共通する悩みや多様な価値観などをリポートする。

206
金融広告を読め
どれが当たりで、どれがハズレか
吉本佳生

投資信託、外貨預金、個人向け国債……。「儲かる」「増やす」というその広告を本当に信じてもよいのか？ 63の金融広告を実際に読み解きながら、投資センスをトレーニングする。

207
学習する組織
現場に変化のタネをまく
高間邦男

「変わりたい」を実現するには？ 多くの企業の組織変革に関わってきた著者が、正解なき時代の組織づくりのノウハウを解説。「何をするか」ではなく、「どう進めるか」が変革のカギ！

208
英語を学べばバカになる
グローバル思考という妄想
薬師院仁志

英語ができれば「勝ち組に入れる」「国際人になれる」「世界の平和に貢献できる」――日本人にはびこるそんな妄想を、気鋭の社会学者がさまざまな角度から反証、そして打ち砕く。

209
住民運動必勝マニュアル
迷惑住民、マンション建設から巨悪まで
岩田薫

「隣の部屋の音がうるさい」「近所に変な人がいる」「すぐ近くに高層マンションが建つ」――このようなトラブルに、住民として、どう対処すべきか。その戦略と戦術を公開する。

光文社新書

210 **なぜあの人とは話が通じないのか？**
非・論理コミュニケーション
中西雅之
交渉決裂、会議紛糾——完璧な論理と言葉で臨んでも、自分の意見が通らないのはなぜ？ コミュニケーション学の専門家が解説する、言葉だけに頼らない説得力、交渉力、会話力。

211 **リピーター医師**
なぜミスを繰り返すのか？
貞友義典
勉強もしない、反省もしない、誰もそのミスを咎めない——。医療過誤を繰り返す医師が放置されている日本の現状を、医療事件を数多く手掛ける弁護士が報告。問題の本質を探る。

212 **世界一旨い日本酒**
熟成と燗で飲る本物の酒
古川修
燗して旨く、熟成して旨い、本当にいい造りの日本酒の世界を紹介。地酒ブームの遥か以前、神亀酒造、甲州屋、味里の三人の男が出会い、古くて新しい日本酒の流れを生んだ。

213 **日本とドイツ　二つの戦後思想**
仲正昌樹
国際軍事裁判と占領統治に始まった戦後において、二つの敗戦国は「過去の清算」とどう向き合ってきたのか？ 両国の似て非なる六十年をたどる、誰も書かなかった比較思想史。

214 **地球の内部で何が起こっているのか？**
平朝彦　徐垣
末廣潔　木下肇
なぜ巨大地震は起こるのか？ 地球の生命はどのように誕生したのか？ いま、地球深部探査船によってその謎が解かれようとしている。地球科学の最先端の見取り図を示す入門書。

215 **現代建築のパースペクティブ**
日本のポスト・ポストモダンを見て歩く
五十嵐太郎
キーワードは透明感と無重力——巨大インテリジェントビルから個人の住居に至るまで、ポストモダン以降の日本の建築の見方・愉しみ方を、気鋭の建築学者が提案する。

216 **沖縄・奄美《島旅》紀行**
斎藤潤
沖縄と奄美は、日本ではない。少なくとも、文化的には。ぼくは、そう確信している——。ガイドブックでは触れない南島の秘める多様な魅力を、その素顔を通して伝える。